イタリア語
スピーキング

エンリコ・フォンガロ
林　良子

ascoltare e parlare

SANSHUSHA

トラック対応表

Track		ページ
1	あいさつ表現	10
2	自己紹介	11

Capitolo 1

Track		ページ
3	① Livello 1	14
4	① Livello 2	16
5	① 応用表現	16
6	② Livello 1	20
7	② Livello 2	22
8	② 応用表現	22
9	③ Livello 1	26
10	③ Livello 2	28
11	③ 応用表現	28

Capitolo 2

Track		ページ
12	① Livello 1	36
13	① Livello 2	38
14	① 応用表現	38
15	② Livello 1	42
16	② Livello 2	44
17	② 応用表現	44
18	③ Livello 1	48
19	③ Livello 2	50
20	③ 応用表現	50
21	④ Livello 1	54
22	④ Livello 2	56
23	④ 応用表現	56

Capitolo 3

Track		ページ
24	① Livello 1	64
25	① Livello 2	66
26	① 応用表現	66
27	② Livello 1	70
28	② Livello 2	72
29	② 応用表現	72

Capitolo 4

Track		ページ
30	① Livello 1	80
31	① Livello 2	82
32	① 応用表現	82
33	② Livello 1	86
34	② Livello 2	88
35	② 応用表現	88
36	③ Livello 1	92
37	③ Livello 2	94
38	③ 応用表現	94
39	④ Livello 1	98
40	④ Livello 2	100
41	④ 応用表現	100
42	⑤ Livello 1	104
43	⑤ Livello 2	106
44	⑤ 応用表現	106

Capitolo 5

Track		ページ
45	① Livello 1	112
46	① Livello 2	114
47	① 応用表現	114
48	② Livello 1	118
49	② Livello 2	120
50	② 応用表現	120

Capitolo 6

Track		ページ
51	① Livello 1	128
52	① Livello 2	130
53	① 応用表現	130
54	② Livello 1	134
55	② Livello 2	136
56	② 応用表現	136
57	③ Livello 1	140
58	③ Livello 2	142
59	③ 応用表現	142
60	④ Livello 1	148
61	④ Livello 2	150
62	④ 応用表現	150

Capitolo 7

Track		ページ
63	① Livello 1	156
64	① Livello 2	158
65	① 応用表現	158
66	② Livello 1	162
67	② Livello 2	164
68	② 応用表現	164
69	③ Livello 1	168
70	③ Livello 2	170
71	③ 応用表現	170

Capitolo 8

Track		ページ
72	① Livello 1	178
73	① Livello 2	180
74	① 応用表現	180
75	② Livello 1	184
76	② Livello 2	186
77	② 応用表現	186
78	③ Livello 1	190
79	③ Livello 2	192
80	③ 応用表現	192

はじめに

　『イタリア語スピーキング』にようこそ！　本書は，「実践的なイタリア語」を習得することを目的とした参加型の語学教材です。イタリア語の初歩的な文法は身につけたけれども，もっともっとしゃべる練習がしたい！という方のために，日常的によく使われるであろう表現を中心に，短いフレーズで会話文を構成しました。また，文法事項の復習のためのページも設けました。イタリア旅行に行く前や留学の準備として，また飛行機の中で，「こんな時はこんなふうに言えばいいんだ！」と，思い出したり，練習するのに役立てていただければと思います。

　「ジェラートを買う」「タクシーで行き先を告げる」「レストランで注文する」「買い物をする」など，日常生活の色々な場面で，ほんの少しの勇気があれば現地の人たちとの会話が始まります。あなたがイタリア語を話そうとすれば，イタリア人たちは喜んでことばを返してくれることでしょう。

　イタリアでは「日本人は発音が上手！」とほめられることがあります。ぜひこのテキストを活用して，すらすらとイタリア語を話せるよう発音練習をしてみてください。そして，実際にイタリアに行ったら空港や列車のアナウンス，レストランの中や，通りを行く人々の会話に耳を澄ましてみてください。本書のCDを繰り返し聴くことで，リスニング力もあわせて向上し，だんだんと会話の内容や，今まで気がつかなかったイタリア語の言い回しや個人の発音のくせまでも気がつくようになっていくことでしょう。

　本書を通して「イタリア語が通じる喜び」を存分に感じていただけることを祈っています。最後に，本書を出版するきっかけを与えてくださった菊池暁氏，イタリア語校正を担当してくださったLaura Temolo氏，故志村啓子氏にこの場をお借りして感謝申し上げます。

著　者

　本書は『ドイツ語スピーキング』（三宅恭子，ミヒャエラ・コッホ共著）のコンセプトをもとに執筆しています。三宅恭子氏，ミヒャエラ・コッホ氏に感謝の意を表します。

INDICE

本書の構成と使い方　6
ウォーミングアップ（あいさつ表現　自己紹介　基礎的な動詞の活用）　10

Capitolo 1　In aeroporto　空港で ･････････････････････････ 13

1　In aereo e al controllo del passaporto　飛行機の中・入国審査 ････ 14
2　Ritirare i bagagli　手荷物受け取り ･････････････････････････････ 20
3　All'accettazione　搭乗手続き ･･･････････････････････････････････ 26
　文法　助動詞　不規則動詞 I ･････････････････････････････････ 34

Capitolo 2　In albergo　ホテルで ････････････････････････ 35

1　Prenotare un albergo　ホテルの予約 ･･･････････････････････････ 36
2　Cercare un hotel　ホテルを探す ････････････････････････････････ 42
3　Arrivo all'hotel　ホテルにチェックインする ･････････････････････ 48
4　Lasciare l'hotel　ホテルをチェックアウトする ･･･････････････････ 54
　文法　近過去　過去分詞の作り方 ･･････････････････････････････ 62

Capitolo 3　In treno　列車で ･･････････････････････････････ 63

1　Alla stazione　駅で ･･ 64
2　Nel treno　列車の中で ･･ 70
　文法　不規則動詞 II　ジェルンディオとその用法 ･････････････････ 78

Capitolo 4　Nella città I　街で① ･･････････････････････････ 79

1　Nell'ufficio turistico　観光案内所で ･････････････････････････････ 80
2　All'ufficio postale　郵便局で ････････････････････････････････････ 86
3　In banca　銀行で ･･ 92
4　Alla cassa del teatro d'opera　オペラ劇場のチケット売り場で ････ 98
5　In farmacia　薬局で ･･ 104
　文法　再帰動詞 ･･ 110

Capitolo 5　Nella città II　街で② ……………………… 111

1　Prendere il taxi　タクシーに乗る ………………………… 112
2　Chiedere informazioni stradali　道を尋ねる …………… 118
　文法　命令形 ………………………………………………… 126

Capitolo 6　Al ristorante　レストランで ………………… 127

1　Ordinare　注文する ………………………………………… 128
2　Durante il pasto　食事の途中で …………………………… 134
3　Colazione al bar　バールで朝食 …………………………… 140
4　In gelateria　ジェラート屋で ……………………………… 148
　文法　条件法現在　条件法過去 …………………………… 154

Capitolo 7　Fare la spesa　買い物をする ………………… 155

1　Nel negozio di abbigliamento　衣料品店で ……………… 156
2　Nel negozio di pelletteria　革製品の店で ………………… 162
3　Al supermercato　スーパーマーケットで ……………… 168
　文法　比較級　最上級 ……………………………………… 176

Capitolo 8　Incontrare altre persone　人と会う ………… 177

1　Una visita　訪問 …………………………………………… 178
2　Parlare di sé　自分について話す ………………………… 184
3　Parlare di altre nazioni e delle lingue straniere
　　他の国と外国語について話す ……………………………… 190
　文法　半過去　接続法現在 ………………………………… 198

文法補足　200
　大文字の使い方　前置詞＋定冠詞の結合　所有形容詞　補語人称代名詞の非強勢形と強勢形　補語人称代名詞の複合形
付録　203
　基数詞　年号　時刻　序数・分数　計算・図形　月　曜日　季節　身体の部位　形容詞・副詞　家

本書の構成と使い方

　本書は8つの章に分かれています。各章はイタリアを旅行する際に遭遇するさまざまな場面をテーマにして構成されており，各章はさらに2～5の場面に分かれています。

　各場面の会話は使用頻度の高いフレーズや文で構成してあります。全場面の会話はイラスト表示されており，イラストを見ることにより，情景をイメージしながら学習できるよう工夫しました。各場面は Livello 1 と Livello 2，日本語訳＆情報コーナーの3つの部分から構成されています。また各課の最後には関連した単語がイラスト辞書として付されています。

　Livello 1 にはイラストと全テキストが記載されています。テキストを見ながら会話の流れを理解するとともに，CDを繰り返し聴き，シャドーイング＊を行うことにより，スピーキングの練習もできるようになっています。特に重要なフレーズや文は「キーセンテンス」のコーナーを見ながら重点的に学習できるようにしました。内容の確認は，各場面の5ページ目にある日本語訳を参照してください。

　Livello 2 は Livello 1 とまったく同じ場面・会話・イラストですが，主人公の台詞が空欄になっています。CDの方も主人公の台詞はポーズになっているので，役になりきって，実際の旅の場面をイメージしながらスピーキングの練習をすることが可能です。自宅だけでなく，車や電車の中でもCDを聴いて，繰り返し練習をするとよいでしょう。テキストで使用した表現以外にも各場面で使用されることが多いフレーズや文については「応用表現」のコーナーで学習できるようにしました。

　5ページ目には，日本語訳を掲載してあります。確認用に利用してください。
　6ページ目には，各場面の背景知識として役立つ情報をInfo-Box（少し知ってお得なイタリア情報）にまとめてあります。イタリアの文化や習慣に関する知識は，会話の内容理解につながります。各場面に必要な単語は「ボキャブラリー」としてまとめてあるので，語彙力の強化に活用してください。

また，各章の終わりには特に重要であると思われる単語を「イラスト辞書」（Vocabolario illustrato）としてイラスト表示しました。また，その章で学習した文法事項についてまとめてあります。

　CDはネイティブスピーカーが吹き込みを行いました。発音やイントネーションをできるだけ忠実に再現できるようになるまで練習をしてください。

＊シャドーイングとは？

　シャドーイングとは，聴こえてくる音声をほぼ同時に口頭で繰り返す練習法です。シャドーイングとはshadowingで，影＝shadowのように音声を追いかけるという意味です。聴こえてくる音声をそっくりそのまま真似るよう心がけましょう。そっくりそのまま真似ることによって，ネイティブの音声のリズムやイントネーション，区切りやポーズの置き方も学習します。だいたい0.5秒くらい後を追う感じで行ってください。まずは文章を見ながら，シャドーイングを行います。言いにくい部分やつっかえてしまう部分は繰り返し練習し，CDと同じスピードで音読できるようにしましょう。次に文章を見ないでシャドーイングを行います。CDの音声を完璧にシャドーイングできるようになるまで何度も繰り返し練習しましょう。

使い方例

ステップ 1

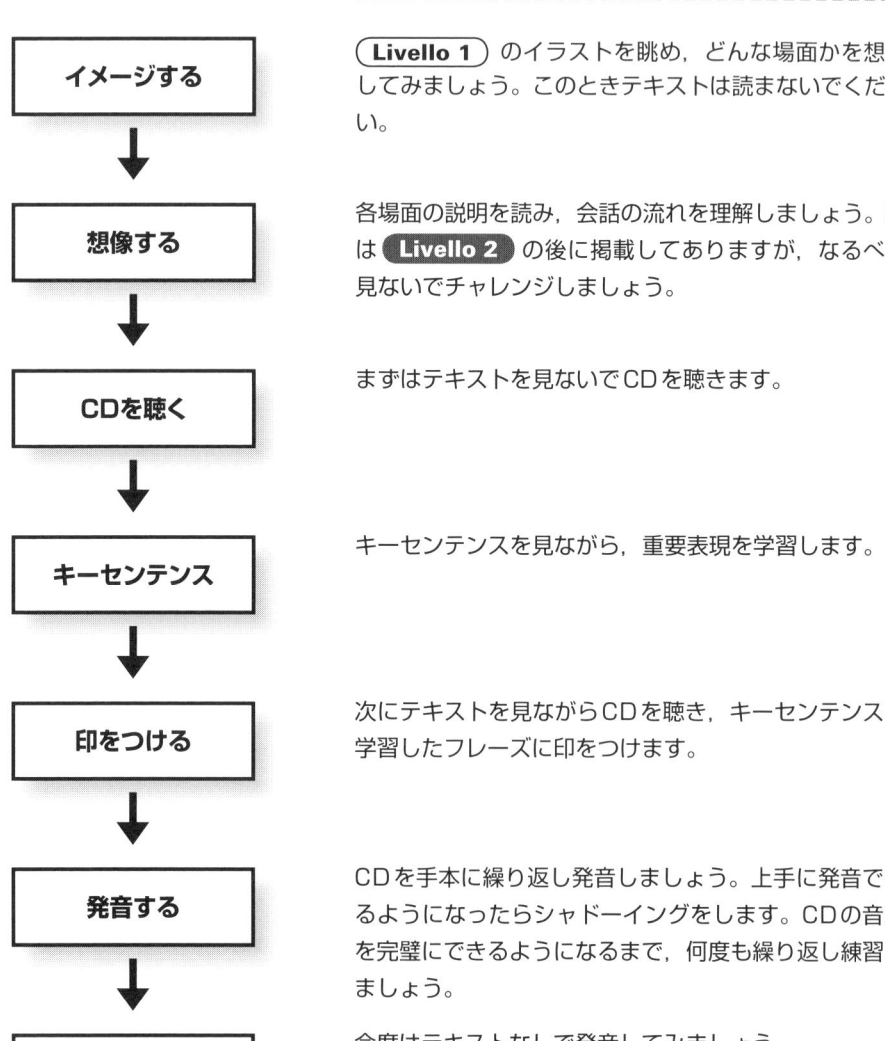

イメージする
Livello 1 のイラストを眺め，どんな場面かを想像してみましょう。このときテキストは読まないでください。

想像する
各場面の説明を読み，会話の流れを理解しましょう。訳は Livello 2 の後に掲載してありますが，なるべく見ないでチャレンジしましょう。

CDを聴く
まずはテキストを見ないでCDを聴きます。

キーセンテンス
キーセンテンスを見ながら，重要表現を学習します。

印をつける
次にテキストを見ながらCDを聴き，キーセンテンスで学習したフレーズに印をつけます。

発音する
CDを手本に繰り返し発音しましょう。上手に発音できるようになったらシャドーイングをします。CDの音声を完璧にできるようになるまで，何度も繰り返し練習しましょう。

さらに発音する
今度はテキストなしで発音してみましょう。

ステップ 2

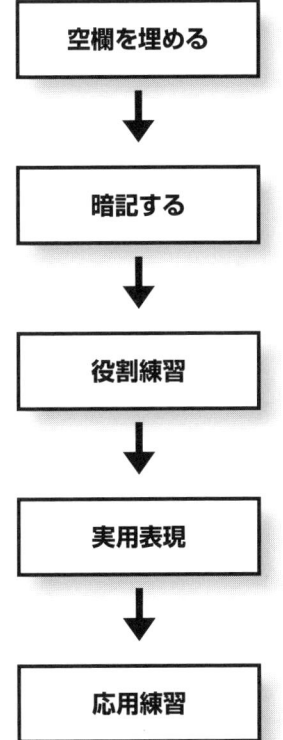

CDを聴きながら，空欄になっている箇所（アリサの台詞）を書き込んでみましょう。

アリサや友人たちの台詞を暗記しましょう。

アリサや友人たちになったつもりで，CDを聴きながら発話してみましょう。テキストで空欄の箇所はCDでもポーズになっています。

応用表現を覚えて，表現の幅を広げましょう。

CDを聴きながら，空欄の箇所を応用表現やボキャブラリーと入れ替えて練習しましょう。それに慣れたら，今度は自分のオリジナルの文章を作ってスピーキングしてみましょう。

ウォーミングアップ

あいさつ表現

Track 1

まずはあいさつなどの基本表現を発音してみましょう。

Ciao!　やあ。／バイバイ。(親しい人に出合い頭と別れのときに，一日中いつでも)

Buongiorno!　　　　Buongiorno!　　　　Buonasera!　　　　Buonanotte!
おはよう。　　　　　こんにちは。　　　　こんばんは。　　　　おやすみ。

Salve!　こんにちは。(いつでも)

Buona giornata!　　　よい日をお過ごしください。(午前か午後の早いうちの別れのあいさつ)
Buon fine-settimana!　よい週末を！
Buon pranzo!　　　　よい昼食を！
Buona cena!　　　　　よい夕食を！

Arrivederci!　さようなら。

Grazie!　　　　　　Prego! / Non c'è di che. / Di niente.
ありがとう。　　　　どういたしまして。

Prego!　　　　　　Scusi!
どうぞ。　　　　　　すみません。

Permesso!　　　　　Per favore!　　　　Mi scusi! / Mi dispiace
おじゃまします。　　お願いします！　　　申し訳ありません / すみません (残念です)。
通してください。

年上・初対面の人などに　　　　　　親しい人に
Come sta?　ごきげんいかがですか？　Come stai?　元気？
Molto bene, grazie e Lei?　　　　　Molto bene, grazie e tu?
とてもいいです。ありがとう。あなたはいかがですか？(君はどう？)

Sto bene anch'io, grazie.　私も元気です。
その他の答え方：　Abbastanza bene.　かなりいいです。
　　　　　　　　　Benissimo!　とてもいいです！
　　　　　　　　　Così così.　まあまあです。
　　　　　　　　　Non c'è male.　悪くはないです。
　　　　　　　　　Non molto bene.　とてもよくはないです。

自己紹介 Track 2

自分のことを紹介したり，相手に尋ねたりして，会話するためのウォーミングアップをしましょう。

親しい間柄で

○ Come ti chiami?　　　　　● Mi chiamo Arisa.
　名前は？　　　　　　　　　　アリサと言います。

○ Sei cinese?　　　　　　　● No, non sono cinese. Sono giapponese.
　中国人？　　　　　　　　　　いいえ，中国人ではないよ。日本人。

○ Di dove sei? / Da dove vieni?　● Sono di Osaka. / Vengo da Osaka.
　どこから来たの？　　　　　　大阪出身だよ。

○ Quanti anni hai?　　　　　● Ho ventidue anni.
　何歳？　　　　　　　　　　　22歳。

○ Che lavoro fai?　　　　　● Sono studentessa.
　何の仕事をしているの？　　　学生だよ。

年上・初対面の人などに

○ Come si chiama?　　　　　● Mi chiamo Junpei Matsumura.
　お名前は？　　　　　　　　　松村純平と言います。

○ È giapponese?　　　　　　● Sì, sono giapponese.
　日本人ですか？　　　　　　　はい，日本人です。

○ Di dov'è? / Da dove viene?　● Sono di Chiba. È vicino a Tokyo.
　どこから来ましたか？　　　　千葉です。東京の近くの。

○ Quanti anni ha?　　　　　● Ho trentatré anni.
　何歳ですか？　　　　　　　　33歳です。

○ Che lavoro fa?　　　　　　● Sono impiegato(-a). / Faccio l'impiegato(-a).
　お仕事は何ですか？　　　　　会社員です。(女性の場合impiegata)

★ 本書では敬称2人称単数のLeiや所有代名詞Suoを大文字で表記しています（実際には小文字で表記されることもあります）。

基礎的な動詞の活用

基本的な動詞の活用を確認しておきましょう。

essere（〜である／ある・いる）

io sono	noi siamo
tu sei	voi siete
lui/lei è	loro s_o_no

avere（〜を持っている）

io ho	noi abbiamo
tu hai	voi avete
lui/lei ha	loro h_a_nno

-are動詞（abitare　住む）

io abit**o**	noi abit**iamo**
tu abit**i**	voi abit**ate**
lui/lei abit**a**	loro _a_bit**ano**

-ere動詞（prendere　取る）

io prend**o**	noi prend**iamo**
tu prend**i**	voi prend**ete**
lui/lei prend**e**	loro pr_e_nd**ono**

-ire動詞 I（dormire　眠る）

io dorm**o**	noi dorm**iamo**
tu dorm**i**	voi dorm**ite**
lui/lei dorm**e**	loro d_o_rm**ono**

-ire動詞 II（capire　理解する）

io cap**isco**	noi cap**iamo**
tu cap**isci**	voi cap**ite**
lui/lei cap**isce**	loro cap**iscono**

★loroのときは_の母音にアクセントがあるので注意しましょう。

Capitolo 1

Track 3-11

In aeroporto　　空港で

 In aereo e al controllo del passaporto
　　飛行機の中・入国審査

 Ritirare i bagagli　手荷物受け取り

 All'accettazione　搭乗手続き

1 In aereo e al controllo del passaporto …… 飛行機の中・入国審査　Track 3

Livello 1　飛行機の中のシーンです。まずはCDを聴いてみましょう。

Arisa è in aereo e mostra il suo biglietto all'hostess.

Viene un carrello. L'hostess chiede ad Arisa che cosa vuole bere.

L'aereo di Arisa sta atterrando all'aeroporto di Roma.

Scesa dall'aereo, Arisa va al controllo passaporti.

 重要表現を覚えましょう。
キーフレーズ

- Benvenuti/(-a)/(-o)/(-e) a bordo!
  （複数／女性1名／男性1名／女性の複数のお客に対し）機内へようこそ！

- Da bere?
  飲み物は何になさいますか？

- ◇ Prendo un bicchiere di acqua minerale gassata / naturale.
  一杯の炭酸入り／炭酸なしの水をいただきます。

- （機内アナウンス）Arrivederci e buona permanenza in Italia.
  さようなら．イタリアでよい滞在を．

- Il Suo passaporto, per favore!
  パスポートを見せてください！

L'impiegato chiede ad Arisa da quale aeroporto è partita.

L'impiegato chiede ad Arisa per quanto tempo vuole fermarsi in Italia.

L'impiegato chiede qual è lo scopo del soggiorno in Italia.

L'impiegato restituisce il passaporto ad Arisa.

- Da dove proviene?
  どちらからお越しですか？
  ◇ Dall'aeroporto di Narita, in Giappone. / Dal Giappone.
  日本の成田空港です。／日本からです。
  ◇ Sono qui in vacanza.
  ここには休暇で来ています。
  ◇ Vorrei visitare Roma e Firenze.
  ローマとフィレンツェを訪れたいです。

- Arrivederci e buona permanenza in Italia.
  さようなら，イタリアでのよい滞在を。

1　In aereo e al controllo del passaporto　Track 4

Livello 2　今度はアリサになって言ってみましょう。

Arisa è in aereo e mostra il suo biglietto all'hostess.

> Buongiorno! Benvenuta a bordo! Il Suo posto è da questa parte, a destra.

Viene un carrello. L'hostess chiede ad Arisa che cosa vuole bere.

> Da bere?

L'aereo di Arisa sta atterrando all'aeroporto di Roma.

> Stiamo avvicinandoci all'aeroporto internazionale Leonardo da Vinci di Roma. Arrivederci e buona permanenza in Italia.

Scesa dall'aereo, Arisa va al controllo passaporti.

> Prego, signorina! Il Suo passaporto, per favore!

飛行機の中で役に立つ表現を覚えましょう。
応用表現

Track 5

- Vietato fumare.
  禁煙
- Si prega di pulire il lavandino.
  洗面台をお拭きください。
- Mantenete le cinture allacciate quando siete seduti.
  お座りの際はシートベルトをしたままにしてください。
  （座席の注意書き）
- ◇ C'è del prosecco?
  プロセッコ（スパークリングワイン）はありますか？
- Vi preghiamo di allacciare le cinture di sicurezza.
  シートベルトをお締めくださるようお願いいたします。

Capitolo 1 — **1** — **Track 4**

In aeroporto 空港で

L'impiegato chiede ad Arisa da quale aeroporto è partita.

L'impiegato chiede ad Arisa per quanto tempo vuole fermarsi in Italia.

L'impiegato chiede qual è lo scopo del soggiorno in Italia.

L'impiegato restituisce il passaporto ad Arisa.

- Vi preghiamo di spegnere ogni apparecchiatura elettronica.
  すべての電気製品をお消しくださるようお願いいたします。

- Vi preghiamo di non alzarvi fino a quando l'aereo non sarà completamente fermo.
  機体が完全に止まるまでお立ちにならないようお願いいたします。

- Prendo il piatto di carne / pesce / il piatto vegetariano.
  肉料理／魚料理／ベジタリアンメニューをいただきます。

- Il bagno è libero / occupato
  トイレは空いています／使用中です。

◇ Quanto manca all'arrivo?
  あとどのくらいで着きますか？

1 飛行機の中・入国手続き

(イラスト1) アリサは飛行機の中です。チケットを客室乗務員に見せます。
アリサ　　　： こんにちは。
客室乗務員　： こんにちは。ようこそいらっしゃいました。あなたの座席はこちら側で，右側です。
アリサ　　　： ありがとう。

(イラスト2) ワゴンがやって来ます。客室乗務員がアリサに飲み物を尋ねます。
客室乗務員　： 飲み物はいかがいたしますか？
アリサ　　　： 赤ワインと，あと炭酸入りのお水も一杯ください。

(イラスト3) アリサの飛行機はローマ空港に降機しつつあります。
アナウンス　： ローマ，レオナルド・ダ・ヴィンチ国際空港に近づいています。さようなら，そしてイタリアでのよい滞在を。

(イラスト4) 飛行機から降り，アリサは入国手続きに向かいます。
入国審査官　： お嬢さん，どうぞ。パスポートをお願いします。
アリサ　　　： こちらです。

(イラスト5) 審査官はアリサにどこから来たのか尋ねます。
入国審査官　： どこからお越しですか？
アリサ　　　： 日本の，成田空港からです。

(イラスト6) 審査官はアリサにイタリアにどのくらい留まるのか尋ねます。
入国審査官　： イタリアに何日間留まるご予定ですか？
アリサ　　　： 14日間です。

(イラスト7) 審査官はイタリアでの滞在目的を尋ねます。
入国審査官　： お仕事でイタリアに来たのですか？
アリサ　　　： いいえ，ここへは休暇です。ローマとフィレンツェを訪ねるつもりです。

(イラスト8) 審査官はパスポートをアリサに返します。
入国審査官　： OKです。どうぞ。よい滞在を！
アリサ　　　： ありがとうございます。

Info-Box 少し知ってお得なイタリア情報

イタリアへは，アリタリア航空などが運行する日本から直接イタリアに行くルートのほかに，ヨーロッパ系，その他の航空会社を使って乗り継いでイタリア各地に行くルートがあります。直接イタリアに行く場合は，主にローマでイタリア各地への乗り継ぎになります。ローマ郊外のフィウミチーノ市にあるローマ・フィウミチーノ空港（別称レオナルド・ダ・ヴィンチ空港）は，1956年から61年にかけて建設されたイタリア最大の空港で，ローマ市内へは，直通電車で30分ほどです。イタリアの空港は街の中心からはかなり離れていることが多いので，渋滞やストライキに巻き込まれないよう，空港へは余裕をもって到着しましょう。イタリア国内線やヨーロッパ内の便は，ストライキやキャンセル，遅延もあるので，できれば自分の予約した路線の発着状況をインターネットなどで確かめておくとより安心でしょう。ヨーロッパ空港での荷物用のカートは，1ユーロまたは2ユーロ硬貨が必要ですので，多くの荷物を持っていくときには予め用意しておくと便利です。なお，入国審査の時には，日本人はUE（EU国籍者）ではない方の窓口に並びます。

In aeroporto 空港で

ボキャブラリー

l'aereo 男 飛行機
il passaporto 男 パスポート
il pilota 男 パイロット
lo steward 男 （男性の）客室乗務員
la dogana 女 税関
tirare / spingere 引く／押す
i fazzoletti 複 ティッシュ，ナプキン

l'aeroporto 男 空港
il biglietto 男 チケット
l'hostess 女 （女性の）客室乗務員
la cintura 女 （シート）ベルト
il sapone 男 石鹸
il bagno 男 トイレ

2 Ritirare i bagagli …… 手荷物受け取り　　Track 6

Livello 1 せっかく空港に着いたのにスーツケースが見つかりません。まずはCDを聴いてみましょう。

Arisa cerca la sua valigia.

Un impiegato indica ad Arisa l'uscita dei suoi bagagli.

Arisa non riesce a trovare la sua valigia.

Arisa va all'ufficio bagagli smarriti.

重要表現を覚えましょう。
キーフレーズ

◇ Scusi, dove posso trovare la mia valigia?
  すみません，どこで私のスーツケースは見つけられますか？

● Vada all'ufficio bagagli smarriti.
  手荷物紛失届け事務所に行ってください。

◇ Scusi, non trovo la mia valigia.
  すみません，私のスーツケースが見つかりません。

◇ Cosa devo fare?
  何をしたらいいでしょうか？

● Per favore, mi dia gli scontrini.
  引換証をください。

● Che tipo di valigia ha?
  どんなスーツケースをお持ちですか？

Capitolo 1 — 2 Track 6

In aeroporto 空港で

L'impiegato chiede gli scontrini per il ritiro dei bagagli.

Arisa descrive la sua valigia.

Arisa deve compilare un modulo.

L'impiegato dà ulteriori informazioni.

- ● Per favore, compili questo modulo.
  この書類を書いてください。
- ◇ Mi può prestare una penna?
  ペンを貸していただけますか？
- ● Le telefoneremo per conferma.
  確認のためお電話します。
- ◇ La ringrazio molto.
  感謝いたします。

2 Ritirare i bagagli

Track 7

Livello 2 今度はアリサになって荷物のことを尋ねましょう。

Da dove arriva, signorina?

Arisa cerca la sua valigia.

Vada al nastro trasportatore 4.

Un impiegato indica ad Arisa l'uscita dei suoi bagagli.

Vada all'ufficio bagagli smarriti, in fondo a sinistra. Lì qualcuno La potrà aiutare.

Arisa non riesce a trovare la sua valigia.

Signorina, prego!

Arisa va all'ufficio bagagli smarriti.

手荷物紛失の際に役に立つ表現を覚えましょう。

応用表現

Track 8

◇ La mia valigia è rotta.
スーツケースが壊れています。

◇ Ho preso la valigia sbagliata.
スーツケースを間違えてしまいました。

◇ Non sono i miei bagagli.
私の荷物ではありません。

◇ Devo comperare alcune cose necessarie di prima emergenza. La compagnia aerea mi rimborsa?
私は最低限必要なものを買わなければなりません。航空会社が支払ってくれますか？

Capitolo 1

In aeroporto 空港で

L'impiegato chiede gli scontrini per il ritiro dei bagagli.

Arisa descrive la sua valigia.

Arisa deve compilare un modulo.

L'impiegato dà ulteriori informazioni.

◇ Se arrivano i miei bagagli, posso venire a prenderli io in aeroporto?
私の荷物が着いたら、自分で空港に荷物を取りに来てもいいですか？

◇ Vado a Firenze dal 21. Se non arriva la mia valigia domani, la spedisca al mio hotel, per favore.
21日からはフィレンツェに行きます。もしスーツケースが明日届かなければホテルへ送ってください。

2 手荷物紛失

(イラスト1) アリサは自分のスーツケースを探しています。
- アリサ　　　　：すみません。私のスーツケースはどこで見つけることができるでしょうか？
- 空港スタッフ　：どちらから来ましたか？
- アリサ　　　　：東京からです。

(イラスト2) 空港スタッフはアリサに荷物出口を指し示します。
- 空港スタッフ　：4番のターンテーブルへ行ってください。
- アリサ　　　　：ありがとうございます。

(イラスト3) アリサはスーツケースを見つけることができません。
- アリサ　　　　：すみません。私のスーツケースが見つかりません。何をすればよいでしょうか？
- 空港スタッフ　：手荷物紛失届けの事務所へ行ってください。あの奥を左です。そこで誰かが助けてくれるでしょう。

(イラスト4) アリサは手荷物紛失届け事務所へ行きます。
- スタッフ　：お嬢さん，どうぞ！
- アリサ　　：こんにちは。私のスーツケースを見つけることができないんです。

(イラスト5) スタッフは手荷物引換証を見せるように言います。
- スタッフ　：手荷物引換証を見せてください。
- アリサ　　：これです。

(イラスト6) アリサはスーツケースの形状について話します。
- スタッフ　：どんなスーツケースをお持ちですか？
- アリサ　　：大きくて黒くて固くて，キャスターが付いています。

(イラスト7) アリサは書類を書かなければなりません。
- スタッフ　：荷物を取り戻すためにこの書類を書いてください。
- アリサ　　：ペンを貸していただけますか？
- スタッフ　：もちろん，どうぞ。

(イラスト8) スタッフはさらに情報を与えます。
- スタッフ　：あなたの荷物が届きましたら，確認の電話をします。そしてあなたのホテルにお送りします。
- アリサ　　：感謝いたします。さようなら。

Info-Box 少し知ってお得なイタリア情報

乗り継ぎ便で目的地に到着したものの，預けた荷物が出てこないことが時々あります。乗り継ぎ便のときに，別の便に乗せられてしまったり，乗り継ぎの時間が短く積荷が間に合わなかったりすることが原因のようです。きちんとその場で手続きをすれば，通常は1～3日後には，届け出た住所に荷物が送られてきます。または自分で再び空港に取りに行きます。いずれにせよ空港で確実に手続きをすることと，荷物に自分の情報を書いたタグを付けておくこと，滞在先の住所などをきちんとメモして持っておくことが重要になります。乗り継ぎの時間が短い場合には，念のために手荷物の中に1, 2日分の着替えや必要なものを入れておくことをお勧めします。

In aeroporto 空港で

ボキャブラリー

la valigia 囡 スーツケース
il bagaglio a mano 囲 手荷物
l'etichetta col nome 囡 ネームタグ
l'ufficio bagagli smarriti (lost & found) 囲 手荷物紛失届所
il modulo 囲 書類・書式
le rotelle 複（スーツケースなどについている）ローラー，小さな車輪
il nastro trasportatore 囲（空港の荷物が出てくる）ターンテーブル

i bagagli 複 荷物
l'ispezione dei bagagli a mano 囡 手荷物検査
l'assicurazione 囡 保険

3 All'accettazione …… 搭乗手続き　　Track 9

Livello 1　アリサはローマから再び飛行機に乗ってヴェネツィアへ行きます。まずはCDを聴いてみましょう。

Scusi, dove sono i check-in per i voli nazionali?

Vada dritta ancora 40 metri, li vedrà sulla destra.

Arisa chiede dove si fa il check-in.

Buongiorno. Biglietto e passaporto, per favore.

Eccoli.

Arisa va al check-in.

Può controllare se le miglia sono già state registrate?

Certo, attenda un attimo. Sì, ci sono.

Arisa mostra la sua carta per accumulare le miglia.

Quanti bagagli ha?

Una valigia e una borsa come bagaglio a mano.

Allora metta la valigia sulla bilancia.

Arisa consegna i bagagli.

重要表現を覚えましょう。
キーフレーズ

◇ Scusi, dove sono i check-in per i voli nazionali / internazionali?
すみません，国内線／国際線のチェックインはどこですか？

● Vada dritta ancora 40 metri, li vedrà sulla destra / sinistra.
まっすぐにあと40メートル行ってください．そこで右側に／左側に見えるでしょう．

● Attenda un attimo.
少々お待ちください．

● Metta la valigia sulla bilancia.
秤の上にスーツケースをお載せください．

Arisa sceglie il posto a bordo dell'aereo.

Arisa riceve le carte d'imbarco e chiede quando deve presentarsi per l'imbarco.

L'impiegata spiega come andare all'uscita per l'imbarco.

◇ Preferisco il finestrino / il corridoio.
窓際／通路側（の席）の方がいいです。

◇ A che ora devo presentarmi?
何時にそこへ行かなければなりませんか？

● Vada a destra /sinistra.
右／左に行ってください。

3 All'accettazione　　　　　Track 10

Livello 2 今度はアリサになって搭乗手続きをしてみましょう。

Arisa chiede dove si fa il check-in.

Arisa va al check-in.

Arisa mostra la sua carta per accumulare le miglia.

Arisa consegna i bagagli.

搭乗手続きや入国審査で役に立つ表現を覚えましょう。
応用表現

Track 11

◇ I posti dietro / davanti vanno bene.
後方／前方の席でいいです。

◇ Sono in viaggio di lavoro.
私は出張で来ています。

◇ Sono uno studente / una studentessa all'Università di Bologna.
私はボローニャ大学への交換留学生です。

◇ Frequento una scuola di lingua a Firenze.
私はフィレンツェの語学学校に通います。

Arisa sceglie il posto a bordo dell'aereo.

Arisa riceve le carte d'imbarco e chiede quando deve presentarsi per l'imbarco.

L'impiegata spiega come andare all'uscita per l'imbarco.

- Posso vedere il Suo biglietto, per favore?
  あなたのチケットを拝見できますか？
- Soggiorno presso un mio amico di Venezia.
  私はヴェネツィアの友達のところに滞在します。

3 搭乗手続き

イラスト1 アリサはどこでチェックインをするのか尋ねます。
　アリサ　：　すみません，国内線のチェックインはどこですか？
　係員　　：　まっすぐあと40メートルお進みください，そこで右側に見えます。

イラスト2 アリサはチェックインのところに行きます。
　係員　　：　こんにちは。チケットとパスポートをお願いします。
　アリサ　：　これです。

イラスト3 アリサはマイレージカードを見せます。
　アリサ　：　マイレージが登録されているか見ていただけますか？
　係員　　：　もちろんです，少々お待ちください。はい，付いています。

イラスト4 アリサは荷物を預けます。
　係員　　：　荷物はいくつお持ちですか？
　アリサ　：　スーツケース一つと手荷物のかばんが一つです。
　係員　　：　それではスーツケースを秤の上にお載せください。

イラスト5 アリサは飛行機の中の座席を選びます。
　係員　　：　どこにお座りになりますか？　通路側ですか窓際ですか？
　アリサ　：　窓際の方がいいです。

イラスト6 アリサは搭乗券を受け取り，ゲートにいつ行けばよいのか尋ねます。
　係員　　：　はい，こちらが搭乗券です。
　アリサ　：　何時にそこへ行けばよいですか？
　係員　　：　11時20分までです。

イラスト7 係員はゲートまでどのように行けばよいか説明します。
　係員　　：　右に行ってください。あなたのゲートは5番です。
　アリサ　：　ありがとうございます。さようなら。

Info-Box 少し知ってお得なイタリア情報

　イタリアに到着後，イタリア国内線への乗り継ぎをするときには，掲示板を見てゲートをよく確認しましょう。ターミナルが異なっているため，かなり歩く必要があったり，やっとの思いで着いたと思ったらゲートが変更されていたりということがよくあります。また，ゲートからバスにさらに乗ってから飛行機に乗ることもあるので，出発ゲートには早めに着くようにしましょう。出発ゲートを確認したら，一息。構内のバールで眠気覚ましの caffè（エスプレッソコーヒー）や cappuccino（カプチーノ；エスプレッソコーヒーに泡立てた牛乳を注いだもの）を注文して，イタリア語のウォーミングアップをし，イタリアに到着した喜びを感じてみてください。大きな空港のターミナルは，レストランやお土産物店も充実しています。イタリア旅行の開始点，最終点となる飛行場でもぜひ楽しく過ごしてください。ただし，手荷物からはくれぐれも目を離さないように！

In aeroporto 空港で

ボキャブラリー

i voli nazionali / internazionali　圐 国内線 / 国際線
controllare　チェックする，調べる
le miglia　圐 マイレージ（ポイント）
la carta d'imbarco　囡 搭乗券
il finestrino　圐 窓際（の座席）

presentarsi　現れる，出席する
l'uscita　囡 出口，ゲート
la bilancia　囡 秤
il corridoio　圐 通路側（の座席）

イラスト辞書 Vocabolario illustrato

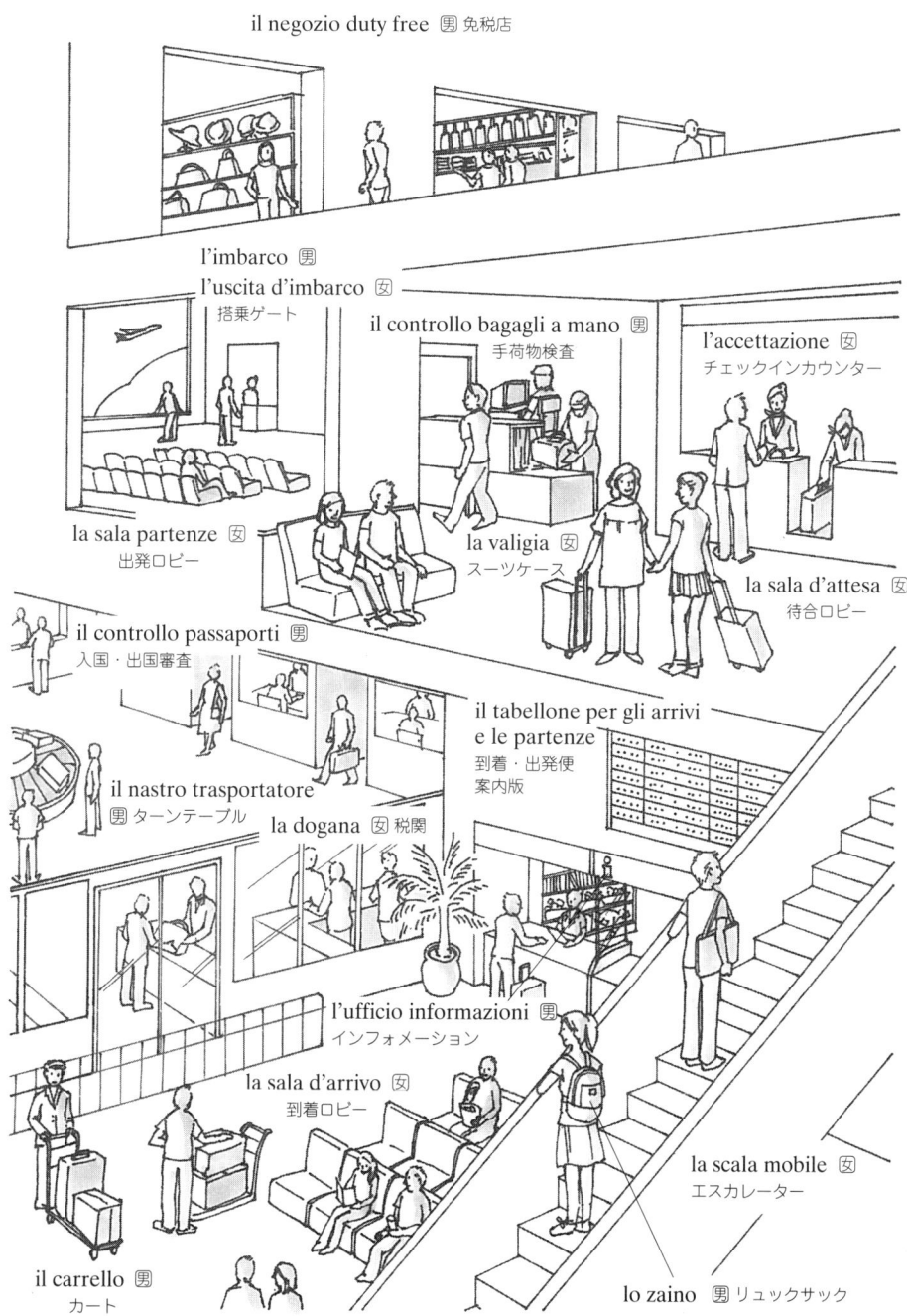

文法

助動詞

日常会話でよく使われる助動詞です。最初に活用をよく頭に入れておきましょう。動詞の不定形（原形）をともなって，動詞に次のようなニュアンスを追加します。

	potere 〜できる／〜してくれませんか／〜しませんか	volere 〜したい／〜しませんか	dovere 〜しなければならない／〜するはずだ
io	posso	voglio	devo
tu	puoi	vuoi	devi
lui / lei	può	vuole	deve
noi	possiamo	vogliamo	dobbiamo
voi	potete	volete	dovete
loro	possono	vogliono	devono

potere：可能・能力，許可，依頼，勧誘
volere：願望・提供・申し出
dovere：義務・当然・推定

potere を用いると，この章に出てきたような丁寧な依頼の表現を作ることができます。

Può aprire la finestra?　窓を開けていただけませんか？

その他の依頼表現としては命令形があります（Capitolo 5 参照）。

不規則動詞 I

日常会話でよく使われる不規則動詞を覚えましょう。

	andare 行く	stare いる・ある	fare する	dare あげる	bere 飲む
io	vado	sto	faccio	do	bevo
tu	vai	stai	fai	dai	bevi
lui / lei	va	sta	fa	dà	beve
noi	andiamo	stiamo	facciamo	diamo	beviamo
voi	andate	state	fate	date	bevete
loro	vanno	stanno	fanno	danno	bevono

Capitolo 2

Track 12-23

In albergo　　　　　　　　　　　ホテルで

- ① **Prenotare un albergo**　ホテルの予約
- ② **Cercare un hotel**　ホテルを探す
- ③ **Arrivo all'hotel**　ホテルにチェックインする
- ④ **Lasciare l'hotel**　ホテルをチェックアウトする

1. Prenotare un albergo ····· ホテルの予約　Track 12

Livello 1　電話でホテルの予約をすることにしました。まずはCDを聴いてみましょう。

Hotel Due Mori, buongiorno.

Buongiorno. Vorrei sapere se avete una singola libera per tre notti dal 21 agosto.

Arisa telefona ad un hotel.

Dal 21 agosto ... un momento, prego. Sì, abbiamo una stanza singola libera.

L'Hotel Due Mori conferma di avere una stanza libera.

Quanto viene una singola?

Mezza pensione, pensione completa, o solo colazione?

Solo colazione.

Arisa chiede quanto costa.

Allora, una singola solo colazione costa 50 euro a notte.

Va bene, allora vorrei prenotare.

L'impiegato dell'hotel spiega i prezzi.

重要表現を覚えましょう。
キーフレーズ

◇ Vorrei sapere se avete una singola libera per tre notti.
シングルが3泊空いているか知りたいのですが。

◇ Quanto viene una singola?
シングルはいくらになりますか？

◇ Allora vorrei prenotare.
それでは予約したいと思います。

● La stanza ha solo la doccia.
部屋にはシャワーしかありません。

◇ Va bene lo stesso.
それでも構いません。

● Come si scrive il Suo cognome?
あなたの苗字はどのように書きますか？

Capitolo 2 — **1** — **Track 12**

In albergo ホテルで

— La stanza ha la vasca da bagno o solo la doccia?
— La stanza ha solo la doccia.
— Ah, va bene lo stesso.

Arisa chiede se la stanza è con la vasca da bagno.

— Posso sapere come si chiama?
— Mi chiamo Arisa Terada.

L'impiegato chiede i dati personali di Arisa.

— Scusi, come si scrive il Suo cognome?
— Ti, e, erre come Roma, a, di, a.

TE RA DA

L'impiegato chiede come si scrive il cognome.

— Allora va bene. Tutto a posto.
— Ve bene. Ci vediamo presto. Arrivederci.

Fine della telefonata.

- **A posto così?**
  これでよいでしょうか？
- ◇ **Va bene.**
  いいです（OKです）。

1 Prenotare un albergo

Livello 2 今度はアリサになって電話してみましょう。

Hotel Due Mori, buongiorno.

Arisa telefona ad un hotel.

Dal 21 agosto ... un momento, prego. Sì, abbiamo una stanza singola libera.

L'Hotel Due Mori conferma di avere una stanza libera.

Mezza pensione, pensione completa, o solo colazione?

Arisa chiede quanto costa.

Allora, una singola solo colazione costa 50 euro a notte.

L'impiegato dell'hotel spiega i prezzi.

ホテルの予約で役に立つ表現を覚えましょう。

応用表現

Track 14

◇ Avete un accesso a internet?
そちらではインターネットが使えますか？

◇ C'è un parcheggio per i clienti?
宿泊者用の駐車場はありますか？

◇ Può parlare più forte, per favore?
もっと大きな声で言っていただけますか？

◇ Parli più lento, per favore!
もう少しゆっくりしゃべってください。

◇ Non ho capito. Può ripetere, per favore?
おっしゃることが分かりません。繰り返して言っていただけますか？

Capitolo 2 — 1 — Track 13

In albergo ホテルで

"La stanza ha solo la doccia."

"Posso sapere come si chiama?"

Arisa chiede se la stanza è con la vasca da bagno.

L'impiegato chiede i dati personali di Arisa.

"Scusi, come si scrive il Suo cognome?"

TERADA

"Allora va bene. Tutto a posto."

L'impiegato chiede come si scrive il cognome.

Fine della telefonata.

- Mi dispiace, siamo al completo.
  申し訳ありません。部屋は満室です。

◇ Posso pagare con una carta di credito?
  クレジットカードで払うことができますか？

1 ホテルの予約（電話で）

- イラスト1　アリサはホテルに電話をします。
  - 従業員　：　ホテル　ドゥエ・モーリです。おはようございます。
  - アリサ　：　おはようございます。そちらで8月21日から3泊，シングルルームが空いているか知りたいのですが。

- イラスト2　ホテル　ドゥエ・モーリは一室シングルの空室があることを確認します。
  - 従業員　：　8月21日ですか……，少々お待ちください。はい，シングル1室お取りできます。

- イラスト3　アリサはいくらするか尋ねます。
  - アリサ　：　シングルはおいくらですか？
  - 従業員　：　2食付き，3食付き，または朝食のみですか？
  - アリサ　：　朝食のみです。

- イラスト4　ホテルの従業員が値段を説明します。
  - 従業員　：　ええと，シングルで朝食だけですと，1泊50ユーロになります。
  - アリサ　：　分かりました。それでは予約したいのですが。

- イラスト5　アリサはその部屋に風呂が付いているか尋ねます。
  - アリサ　：　その部屋は風呂付きですか，シャワーだけですか？
  - 従業員　：　その部屋はシャワーのみです。
  - アリサ　：　ああ，それでも結構です。

- イラスト6　従業員はアリサの個人情報について尋ねます。
  - 従業員　：　お名前をお願いできますか？
  - アリサ　：　寺田アリサです。

- イラスト7　従業員は苗字をどのように書くか尋ねます。
  - 従業員　：　すみません。あなたの苗字はどのように書きますか？
  - アリサ　：　T, E, ローマのR, A, D, Aです。

- イラスト8　電話を終了します。
  - 従業員　：　はい，OKです。これでいいです。
  - アリサ　：　分かりました。近いうちにお会いしましょう。さようなら。

Info-Box 少し知ってお得なイタリア情報

　電話でホテルを予約するときに重要なのは，落ち着いてゆっくり，はっきりとしゃべることです。緊張してしまい，声が小さくなったとたんに，Per favore, può parlare più forte? (すみませんが，もっと大きい声でしゃべってください) と言われてしまうことでしょう。反対に，相手の言っていることがよく分からないときには，分かるまで，Può ripetere, per favore? (すみませんが，もう一度言ってください) とこちらも言い続けましょう。または，Parli più lento, per favore! (ゆっくりしゃべってください) と言ってみてください。

　別れのあいさつには，Arrivederci!, Ci vediamo! (さようなら，また会いましょう) などがありますが，これは本来は次に実際に会うであろう相手に対して使います (動詞のvedereが入っていることに注意してください)。電話の場合，次回にはホテルで実際に会うであろう相手に向かって別れのあいさつを言っているのですから，Arrivederci, ArrivederLa, (さよなら) でかまいません。友達，家族などで，次回は会うのではなく，もう一度電話する相手と電話で別れのあいさつをするときには，Ci sentiamo! (また話しましょう) が一般的です。

　電話で問い合わせたホテルが気に入らないときには，いろいろな断り方がありますが，Mah, ci penso. Eventualmente vi telefono di nuovo. Grazie. (えーと，ちょっと考えてみます。場合によってはまたお電話します。どうもありがとう) などが適当でしょう。

In albergo ホテルで

ボキャブラリー

l'hotel 男 / l'albergo 男 ホテル　　　　　　　l'ostello della gioventù 男 ユースホステル
la stanza singola 女 シングルルーム　　　　la stanza doppia 女 ツインルーム
la stanza matrimoniale (la stanza doppia con letto matrimoniale) 女 ダブルルーム
la doccia 女 シャワー　　　　　　　　　　　la vasca da bagno 女 風呂（バスタブ）
pensione completa　3食付き　　　　　　　mezza pensione　2食付き
solo colazione　朝食のみ

2　Cercare un hotel …… ホテルを探す　　Track 15

Livello 1　インフォメーションでホテルの予約をするシーンです。まずはCDを聴いてみましょう。

Buongiorno!

Buongiorno, sto cercando una singola per due notti.

Arisa cerca una stanza.

Preferisce un hotel nel centro storico o va bene anche in periferia?

Preferirei in centro.

L'impiegato chiede dell'ubicazione dell'hotel.

Quanto vorrebbe spendere?

Fino a 50 euro per notte.

L'impiegato chiede quanti soldi pensa di spendere.

Ci sarebbe una singola all'Hotel Miramonti per 42 euro. L'hotel è in centro città.

L'impiegato fa una proposta.

重要表現を覚えましょう。
キーフレーズ

◇ Sto cercando una singola per due notti.
シングルルームで2泊探しています。

● Quanto vorrebbe spendere?
どのくらい支払われますか？

◇ Fino a 50 euro per notte.
一泊50ユーロまでです。

◇ Preferisco un hotel in centro.
中心部のホテルがいいです。

◇ C'è qualche altra possibilità più economica?
他のもっと安い可能性（ホテル）がありますか？

◇ È troppo caro per me.
私には高過ぎます。

Capitolo 2 — 2 — Track 15

La stanza è con la vasca da bagno o con la doccia?

Con la doccia.

Ci sarebbe anche un'altra possibilità. Nell'Hotel Vivaldi c'è una singola con vasca da bagno per 50 euro. Però è un po' fuori dal centro della città.

Arisa chiede se la stanza è con la vasca da bagno.

L'impiegato fa un'altra proposta.

No, grazie, è un po' troppo caro. Prendo la stanza del Miramonti.

Ecco qui la Sua cartina. L'Hotel Miramonti è qui, in viale Mazzini 18.

Grazie mille.

Arrivederci.

Arisa rifiuta.

Arisa riceve una cartina della città e l'indirizzo dell'hotel.

In albergo ホテルで

◇ Prendo la stanza dell' Hotel Miramonti.
ホテル・ミラモンティの部屋にします。

2 Cercare un hotel — Track 16

Livello 2 今度はアリサになって予約してみましょう。

Buongiorno!

Arisa cerca una stanza.

Preferisce un hotel nel centro storico o va bene anche in periferia?

L'impiegato chiede dell'ubicazione dell'hotel.

Quanto vorrebbe spendere?

L'impiegato chiede quanti soldi pensa di spendere.

Ci sarebbe una singola all'Hotel Miramonti per 42 euro. L'hotel è in centro città.

L'impiegato fa una proposta.

ホテル探しで役に立つ表現を覚えましょう。
応用表現

Track 17

◇ Con colazione o senza?
朝食付きですか，なしですか？

◇ Si può pranzare o cenare dentro l'hotel?
そのホテルで昼食や夕食は取れますか？

◇ C'è un ostello della gioventù?
ユースホステルはありますか？

● L'hotel è in centro. / un po' fuori città.
そのホテルは街の中心部 / 少し街の外れにあります。

Capitolo 2 Track 16

Con la doccia.

Ci sarebbe anche un'altra possibilità. Nell'Hotel Vivaldi c'è una singola con vasca da bagno per 50 euro. Però è un po' fuori dal centro della città.

Arisa chiede se la stanza è con la vasca da bagno.

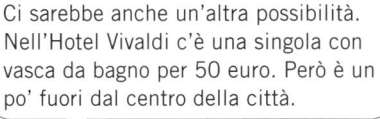

L'impiegato fa un'altra proposta.

Ecco qui la Sua cartina. L'Hotel Miramonti è qui, in viale Mazzini 18.

Arrivederci.

Arisa rifiuta.

Arisa riceve una cartina della città e l'indirizzo dell'hotel.

◇ C'è il parcheggio?/ C'è la piscina? / C'è il ristorante?
駐車場／プール／レストランはありますか？

● Siamo al completo.
満室です。

◇ Ci sono degli hotel più economici?
もっと安いホテルはありますか？

2

ホテルを探す

(イラスト1)　アリサは部屋を探しています。
　　　　　係員　：　こんにちは。
　　　　　アリサ：　こんにちは。シングルで2泊の部屋を探しています。

(イラスト2)　係員はホテルの位置について尋ねます。
　　　　　係員　：　歴史的中心街がいいですか，それとも郊外でもいいですか？
　　　　　アリサ：　中心部がいいです。

(イラスト3)　係員はどのくらいお金を出すつもりなのか尋ねます。
　　　　　係員　：　どのくらい支払いたいですか？
　　　　　アリサ：　一泊50ユーロまでです。

(イラスト4)　係員は提案をします。
　　　　　係員　：　ホテル・ミラモンティのシングルでしたら一泊42ユーロです。ホテルは街の中心部にあります。

(イラスト5)　アリサは部屋が風呂付きかどうか尋ねます。
　　　　　アリサ：　部屋には風呂がありますか，シャワーだけですか？
　　　　　係員　：　シャワー付きです。

(イラスト6)　係員は別の提案をします。
　　　　　係員　：　別の可能性もありますよ。ホテル・ヴィヴァルディでしたら風呂付きで一泊50ユーロです。でも，少し街の中心地からは外れます。

(イラスト7)　アリサは断ります。
　　　　　アリサ：　いいえ，それは少し高過ぎます。ミラモンティの部屋にします。

(イラスト8)　アリサは街の地図とホテルの住所をもらいます。
　　　　　係員　：　こちらが地図です。ホテル・ミラモンティはここです。マッツィーニ通り18です。
　　　　　アリサ：　ありがとうございます。
　　　　　係員　：　さようなら。

Info-Box 少し知ってお得なイタリア情報

　最近では日本からインターネットでホテルを簡単に予約できるようになったため，現地で探すということは減ってきたかもしれません。それでも，あまり準備時間のない場合や，一人で気ままな旅に出かけたりするときには，空港，駅前や町の中心にあるインフォメーションで希望に合ったホテルを紹介してくれるので利用するとよいでしょう。

　イタリアのホテルの場合，二人部屋の場合には，一部屋で二人分の値段なのか，一部屋で一人分の値段なのかよく確認する必要があります。街の中心から遠いホテルやアグリトゥリズモ（農家）に滞在する場合には，一日の予定に合わせて食事の計画を練っておくことも必要です。pensione completa（三食付き），mezza pensione（朝食，夕食付き，昼食に一食を変えることも可）などが選べるホテルにするとよいでしょう。

　なお，イタリアのホテルの朝食は，国際的なホテルでない場合には，クッキーとカプチーノだけの場合があり，外のバールでゆっくりと朝食を楽しんだ方がよい場合もありますので，朝食付きの場合には内容を聞いてみてもいいかもしれません。また，ホテルによっては，各地の郷土料理を用意するレストランが付いていることもありますから，ホテルにチェックインするときには，レストランもチェックしてみるといいでしょう。

In albergo ホテルで

ボキャブラリー

il centro storico 男 歴史的中心部
la cartina della città 女 街の地図
economico 安い
un (hotel a) tre stelle 男 三ツ星ホテル

la periferia 女 郊外
l'indirizzo 男 住所
caro 高い
un agriturismo 男 農村滞在型ホテル

3 Arrivo all'hotel …… ホテルにチェックインする　Track 18

Livello 1　ホテルのチェックインのシーンです。まずはCDを聴いてみましょう。

Buonasera.

Buonasera. Mi chiamo Terada.

Arisa va alla reception dell'albergo.

Scusi, ha già prenotato?

Sì, ho prenotato per telefono.

L'impiegato chiede se ha già prenotato.

Terada ... sì, ecco qui la Sua prenotazione. Una singola con doccia per due notti.

Esatto.

L'impiegato controlla la prenotazione.

Per favore, scriva qui nome ed indirizzo. E qui sotto la firma, per favore.

Dove devo firmare?

Qui.

Arisa deve scrivere il suo nome.

重要表現を覚えましょう。
キーフレーズ

- Scusi, ha già prenotato?
  すみません，すでにご予約してありますか？

◇ Sì, ho prenotato per telefono.
  はい，電話で予約しました。

- Per favore, scriva qui nome ed indirizzo.
  ここにお名前とご住所を書いてください。

◇ Esatto.
  そのとおりです。

◇ Dove devo firmare?
  どこにサインすればいいのですか？

- Ecco la Sua chiave.
  こちらがあなたの鍵です。

- Potrei avere il Suo passaporto?
  パスポートをお預かりしてもよろしいですか？

Capitolo 2 — 3 — Track 18

In albergo ホテルで

— Ecco la Sua chiave, la Sua stanza è la 217, al secondo piano.
— Perfetto!

L'impiegato consegna la chiave.

— Potrei avere il Suo passaporto o un documento di riconoscimento?
— Certo, prego. Ecco il passaporto.

L'impiegato chiede il passaporto di Arisa.

— Da che ora si può fare colazione?
— La colazione è dalle 7 alle 11 nella sala qui di fronte.

Arisa chiede della colazione.

— Scusi, potrebbe svegliarmi domani alle 7?
— Certamente.

Arisa chiede di essere svegliata.

◇ Da che ora si può fare colazione?
  何時から朝食を取ることができますか？

◇ Potrebbe svegliarmi domani alle 7?
  明日7時に起こしていただけますか？

3 Arrivo all'hotel

Track 19

Livello 2 今度はアリサになってチェックインをしてみましょう。

Buonasera.

Arisa va alla reception dell'albergo.

Scusi, ha già prenotato?

L'impiegato chiede se ha già prenotato.

Terada ... sì, ecco qui la Sua prenotazione. Una singola con doccia per due notti.

L'impiegato controlla la prenotazione.

Per favore, scriva qui nome ed indirizzo. E qui sotto la firma, per favore.

Qui.

Arisa deve scrivere il suo nome.

ホテルで役に立つ表現を覚えましょう。
応用表現
Track 20

◇ C'è l'ascensore?
エレベーターはありますか？

◇ Fino a che ora si può rientrare?
門限は何時ですか？

◇ Potete portarmi le valige in camera?
部屋まで荷物を運んでいただけますか？

◇ Vorrei cambiare la stanza.
部屋を変えて欲しいのですが。

◇ La stanza è troppo rumorosa.
部屋がうるさすぎます。

◇ Non c'è l'acqua calda.
熱いお湯が出ないのですが。

Capitolo 2 **3** Track 19

> Ecco la Sua chiave, la Sua stanza è la 217, al secondo piano.

> Potrei avere il Suo passaporto o un documento di riconoscimento?

L'impiegato consegna la chiave.

L'impiegato chiede il passaporto di Arisa.

> La colazione è dalle 7 alle 11 nella sala qui di fronte.

> Certamente.

Arisa chiede della colazione.

Arisa chiede di essere svegliata.

In albergo ホテルで

◇ Vorrei della carta igienica. / Vorrei degli asciugamani. / Vorrei un lettino per bambini.
トイレットペーパー／タオル／子供用ベッドが欲しいのですが。

3 ホテルにチェックインする

(イラスト1) アリサはホテルの受付に行きます。
フロント係 ： こんばんは。
アリサ ： こんばんは。私の名前は寺田です。

(イラスト2) フロント係はすでに予約しているかどうかアリサに尋ねます。
フロント係 ： すみません。すでにご予約されましたか？
アリサ ： はい、電話で予約しました。

(イラスト3) フロント係は予約をチェックします。
フロント係 ： てらだ……、はい、ここにあなたの予約がありました。シャワー付きシングルで2泊ですね。
アリサ ： そのとおりです。

(イラスト4) アリサは彼女の名前を書かなければなりません。
フロント係 ： ここにお名前とご住所を書いてください。そして、ここの下にサインをお願いします。
アリサ ： どこにサインしなければならないのですか？
フロント係 ： ここです。

(イラスト5) フロント係は鍵を渡します。
フロント係 ： こちらがあなたの鍵です。お部屋は217号室で、2階になります。
アリサ ： わかりました。

(イラスト6) フロント係はアリサのパスポートを求めます。
フロント係 ： あなたのパスポートか身分証明書をお預かりできますか？
アリサ ： もちろんです、どうぞ。これがパスポートです。

(イラスト7) アリサは朝食について尋ねます。
アリサ ： 何時から朝食がとれますか？
フロント係 ： 朝食は7時から11時までで、この前の部屋です。

(イラスト8) アリサは起こしてくれるよう頼みます。
アリサ ： すみません、私を明日7時に起こしていただけますか？
フロント係 ： もちろんです。

Info-Box 少し知ってお得なイタリア情報

　世界中の観光客が集まるイタリアですが，観光地中心部のホテルは高く，郊外の値段が安めの宿は車が必要ということも多々あります。また，ユースホステルも，早めに予約しないとすぐにいっぱいになり，町の外れにあることも多く，事前の準備が必要です。町によっては，ホテルよりもＢ＆Ｂ（ベッド・アンド・ブレックファースト）が充実していることもあります。こじんまりとしていますが，部屋の手入れが行き届いていたり，食堂などが共用となるため，他の宿泊者との交流が生まれたりすることもあります。これらの情報は日本では手に入りにくいので，ぜひイタリア語や英語でのインターネットサイトなどをチェックして情報を集めるとよいでしょう。

　なお，イタリアでは，チップはよほどよいサービスを受けて何らかの感謝を表わしたいという場合以外は基本的に不要です。ホテルなどで本当に心温まるもてなしを受けたのであれば，ほんの気持ち程度のものを置いていってもいいかもしれません。また何か不満な点があれば，正直に話してみることをお勧めします。

In albergo ホテルで

ボキャブラリー

il bagno　男 トイレ
la sveglia　女 目覚まし時計
il pranzo　男 昼食
la carta d'identità　女 身分証明書

la carta igienica　女 トイレットペーパー
la colazione　女 朝食
la cena　女 夕食
la firma　女 サイン

4　Lasciare l'hotel …… ホテルをチェックアウトする　Track 21

Livello 1 ホテルのチェックアウトのシーンです。まずはCDを聴いてみましょう。

Buongiorno.

Buongiorno. Vorrei pagare.

Alla reception.

Qual è il Suo numero di stanza?

217. Ecco la chiave.

Grazie.

Arisa restituisce la chiave.

Ha preso qualcosa dal frigorifero?

No, niente.

L'impiegato prepara il conto.

Ha utilizzato il telefono?

Sì, due volte.

L'impiegato chiede se Arisa ha usato il telefono.

重要表現を覚えましょう。
キーフレーズ

◇ **Vorrei pagare.**
支払いたいのですが。

● **Qual è il Suo numero di stanza?**
どのお部屋番号ですか？

● **Ha preso qualcosa dal frigorifero?**
何か冷蔵庫から取りましたか？

◇ **No, niente.**
いいえ，何も取りません。

● **Ecco, a Lei.**
（あなたに）どうぞ。

● **Ha utilizzato il telefono?**
電話をお使いになりましたか？

◇ **Posso pagare con la carta di credito?**
クレジットカードで支払うことができますか？

Capitolo 2 — **4** — Track 21

In albergo ホテルで

— Ecco, a Lei. Due notti, due telefonate, 86 euro.
— Va bene, grazie.

L'impiegato mostra il conto ad Arisa.

— Posso pagare con la carta di credito?
— Quale?
— VISA.
— Certo.

Arisa vuole pagare con la carta di credito.

— Scusi, potrei riavere il mio passaporto?
— Oh, mi scusi! Eccolo qui.

Arisa chiede che le sia restituito il passaporto.

— Posso lasciare la mia valigia qui fino alle 3?
— Sì, prego. Buon viaggio e arrivederci.

Arisa chiede se possono tenere la sua valigia.

◇ **Potrei riavere il mio passaporto?**
私のパスポートを返していただけますか？

◇ **Posso lasciare la mia valigia qui?**
スーツケースをここで預かってもらっていいですか？

4   Lasciare l'hotel   Track 22

Livello 2 今度はアリサになってチェックアウトしてみましょう。

Buongiorno.

Alla reception.

Qual è il Suo numero di stanza?

Grazie.

Arisa restituisce la chiave.

Ha preso qualcosa dal frigorifero?

L'impiegato prepara il conto.

Ha utilizzato il telefono?

L'impiegato chiede se Arisa ha usato il telefono.

ホテルのチェックアウトで役に立つ表現を覚えましょう。

応用表現

Track 23

◇ Ho l'impressione che il conto sia sbagliato.
勘定が間違っていると思うのですが。

◇ Potrebbe spiegarmi le voci del conto?
もう一度勘定の項目を説明していただけますか？

◇ Potrebbe chiamare un taxi?
タクシーを呼んでいただけませんか？

Capitolo 2 **4** **Track 22**

In albergo ホテルで

— Ecco, a Lei. Due notti, due telefonate, 86 euro.

L'impiegato mostra il conto ad Arisa.

— Quale?
— Certo.

Arisa vuole pagare con la carta di credito.

— Oh, mi scusi! Eccolo qui.

Arisa chiede che le sia restituito il passaporto.

— Sì, prego. Buon viaggio e arrivederci.

Arisa chiede se possono tenere la sua valigia.

◇ Ho dimenticato una cosa in camera. Posso rientrare un attimo nella stanza?
部屋に忘れ物をしました。もう一度部屋に入っていいですか？

◇ Posso avere un dépliant dell'hotel?
ホテルのパンフレットをいただけますか？

4 ホテルをチェックアウトする

(イラスト1) 受付で。
従業員 ： おはようございます。
アリサ ： おはようございます。支払いたいのですが。

(イラスト2) アリサは鍵を返します。
従業員 ： どのお部屋番号ですか？
アリサ ： 217です。これが鍵です。
従業員 ： ありがとうございます。

(イラスト3) 従業員は勘定を用意します。
従業員 ： 何か冷蔵庫からお取りになりましたか？
アリサ ： いいえ，何も。

(イラスト4) 従業員はアリサが電話を使ったかどうか尋ねます。
従業員 ： 電話をお使いになりましたか？
アリサ ： はい，2回。

(イラスト5) 従業員は勘定をアリサに見せます。
従業員 ： はい，どうぞ。2泊で電話2回で，86ユーロです。
アリサ ： 分かりました，どうも。

(イラスト6) アリサはクレジットカードで払おうとします。
アリサ ： クレジットカードで支払えますか？
従業員 ： どのカードですか？
アリサ ： VISAです。
従業員 ： もちろんです。

(イラスト7) アリサはパスポートを返してくれるよう頼みます。
アリサ ： すみません，パスポートを返していただけますか？
従業員 ： ああ，すみません。こちらです。

(イラスト8) アリサは荷物を預かってくれるか尋ねます。
アリサ ： ここで私のスーツケースを3時まで預かっておいていただけますか？
従業員 ： はい，どうぞ。良い旅を，さようなら。

Info-Box 少し知ってお得なイタリア情報

　イタリアのほとんどのホテルでは，チェックイン時にパスポートを預けます。外出時などで必要なときには返してもらえますが，チェックアウト時にはパスポートをもらい忘れることのないよう注意しましょう。また，支払うときには明細書を作ってもらい，よく確認しましょう。ホテルによっては領収書を出してくれないところもあるかもしれませんが，きちんと頼むことが大切です。また，チェックアウト後に観光してから移動する場合には，鉄道の駅には手荷物預かり所がないところもありますので，ホテルに荷物も預かってもらうと便利です。

ボキャブラリー

partire　出発する
prenotare　予約する
la fattura　囡 請求書
il frigorifero　男 冷蔵庫
il dépliant　男 パンフレット（仏語）

arrivare　到着する
la ricevuta　囡 領収書
il conto　男 勘定
il frigobar　男 ホテルの小型冷蔵庫

イラスト辞書 Vocabolario illustrato

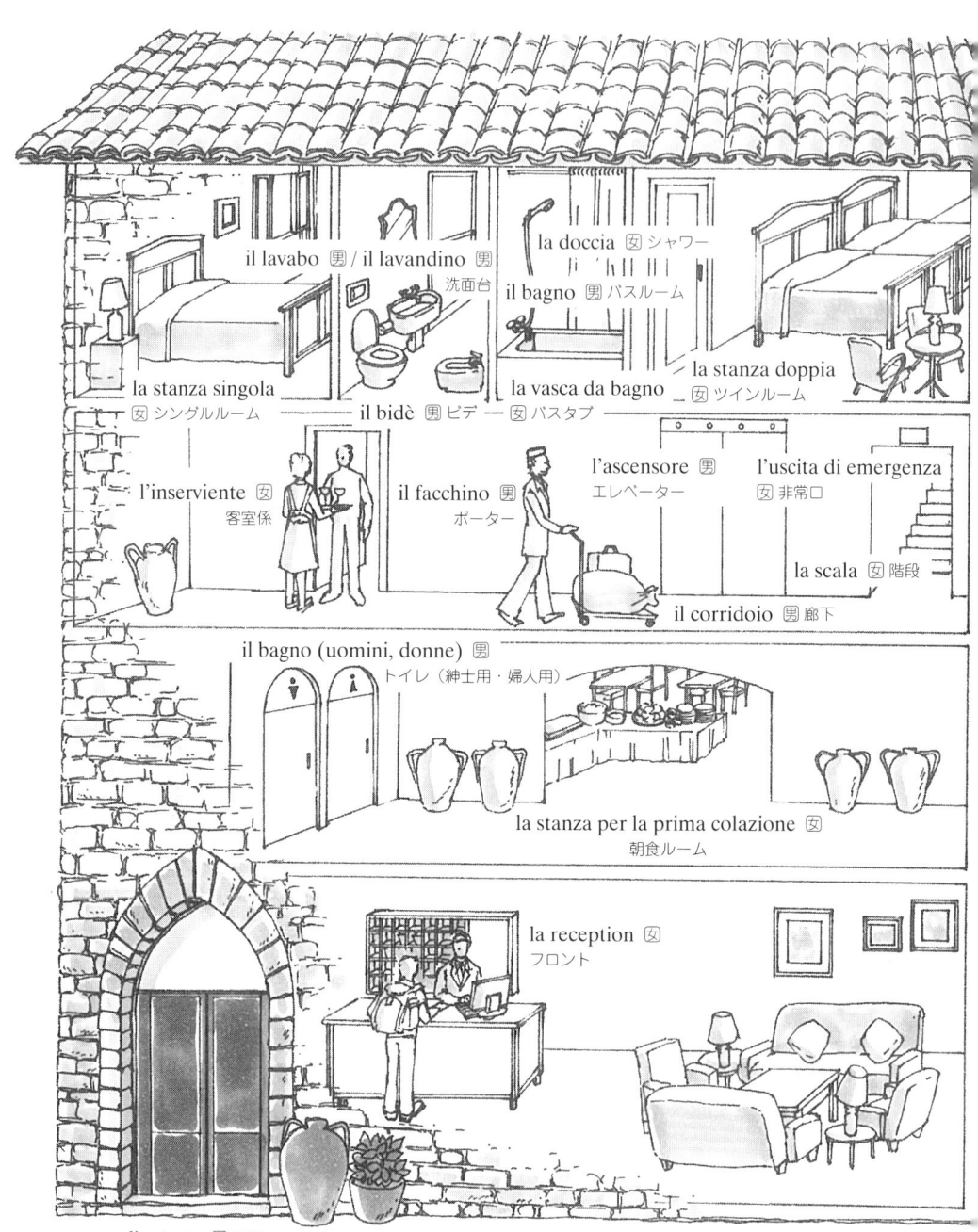

- il lavabo 男 / il lavandino 男 洗面台
- la doccia 女 シャワー
- il bagno 男 バスルーム
- la stanza singola 女 シングルルーム
- il bidè 男 ビデ
- la vasca da bagno 女 バスタブ
- la stanza doppia 女 ツインルーム
- l'inserviente 女 客室係
- il facchino 男 ポーター
- l'ascensore 男 エレベーター
- l'uscita di emergenza 女 非常口
- la scala 女 階段
- il corridoio 男 廊下
- il bagno (uomini, donne) 男 トイレ（紳士用・婦人用）
- la stanza per la prima colazione 女 朝食ルーム
- la reception 女 フロント
- l'entrata 女 玄関

60

il balcone 男 バルコニー

il ristorante 男 レストラン

il giardino interno 男 中庭

il parcheggio 男 駐車場

il taxi 男 タクシー

In albergo ホテルで

文法

近過去

日常の会話でよく使われる，一般的な過去を表わすための時制です。英語の現在完了形と同じように **avere** ＋過去分詞，または **essere** ＋過去分詞で表します。

① avere ＋過去分詞

　　現在形　　：Arisa prenota per due notti.　アリサは2泊予約する。

　　近過去形：Arisa ha prenotato per due notti.
　　　　　　　　　　avereのleiのときの活用　過去分詞

② essere ＋過去分詞（移動，存在，状態変化を表す動詞，再帰動詞のとき）＊

　　現在形　　：Arisa va a Roma.　アリサはローマへ行く。

　　近過去形：Arisa è andata a Roma.
　　　　　　　　　essereのleiのときの活用　過去分詞（主語に合わせて語尾が変化）＊＊

＊行く・来る(andare, venire)，出発する・到着する(partire, arrivare)，ある(essere)，いる(stare)，なる(diventare)，産まれる・死ぬ(nascere, morire) など
＊＊ essere ＋過去分詞のときは，過去分詞が主語の性・数に合わせて語尾が変化します。

過去分詞の作り方

● 規則的　　：are 動詞：-ato　　例 andare 行く　→ andato
　　　　　　　 ere 動詞：-uto　　例 premere 押す　→ premuto
　　　　　　　 ire 動詞：-ito　　例 dormire 眠る　→ dormito

● 不規則的：fare する → fatto　　　　　leggere 読む → letto
　　　　　　　 scrivere 書く → scritto　　nascere 生まれる → nato
　　　　　　　 bere 飲む → bevuto　　など
　　　　　　　 特に ere 動詞には不規則的なものが多くあります。

Capitolo 3

Track 24-29

In treno　　　　　　　　　　　列車で

---

1 **Alla stazione**　駅で

2 **Nel treno**　列車の中で

1 Alla stazione ······ 駅で

Track 24

Livello 1 切符売り場でのシーンです。まずはCDを聴いてみましょう。

― Buongiorno.
― Buongiorno. Vorrei un biglietto per Siena.

Alla biglietteria.

― Che treno prende?
― Quello delle 11 e 46.

L'impiegato chiede ad Arisa che treno vuole prendere.

― Per l'Intercity delle 11 e 46 serve il supplemento rapido.
― Va bene.

L'impiegato controlla il treno.

― Andata e ritorno o solo andata?
― Solo andata.

L'impiegato chiede che tipo di biglietto vuole comperare Arisa.

🔑 重要表現を覚えましょう。
キーフレーズ

◇ Vorrei un biglietto per Siena.
シエナ行きの切符が欲しいのですが。

● Che treno prende?
どの汽車で行かれますか？

● Per l'Intercity serve il supplemento rapido.
インターシティには特急料金が必要です。

◇ Seconda, per favore.
二等車をお願いします。

● Andata e ritorno o solo andata?
往復ですか片道だけですか？

◇ Solo andata.
片道だけです。

● Prima classe o seconda?
一等車ですか二等車ですか？

Capitolo 3 ① Track 24

In treno 列車で

> Prima classe o seconda?

> Seconda, per favore.

Arisa deve decidere in che classe viaggiare.

> Devo cambiare?

> Sì, una volta a Grosseto. Arriva a Grosseto e poi prende il treno regionale per Siena.

Arisa chiede se ci sono cambi da fare.

> Ecco il biglietto. Da Roma a Grosseto con l'Intercity. Questo è il supplemento. Poi da Grosseto a Siena col Regionale. Sono 23 euro e 50.

Arisa riceve il biglietto.

> Non dimentichi di obliterare il biglietto prima di salire.

> Va bene, grazie. Arrivederci.

Arisa deve obliterare il biglietto.

◇ Che treno devo prendere?
どの列車に乗るべきですか？

◇ Devo cambiare?
乗り換えしなければなりませんか？

● Non dimentichi di obliterare il biglietto prima di salire.
乗る前に切符に刻印するのを忘れないでください。

1 Alla stazione

Track 25

Livello 2 今度はアリサになって切符を買ってみましょう。

Buongiorno.

Alla biglietteria.

Che treno prende?

L'impiegato chiede ad Arisa che treno vuole prendere.

Per l'Intercity delle 11 e 46 serve il supplemento rapido.

L'impiegato controlla il treno.

Andata e ritorno o solo andata?

L'impiegato chiede che tipo di biglietto vuole comperare Arisa.

駅で役に立つ表現を覚えましょう。
応用表現

Track 26

◇ Quanto tempo ci vuole?
どのくらい時間がかかりますか？

◇ Vorrei arrivare a Roma entro le 20.
20時までにはローマに着きたいのですが。

◇ A che binario è il treno per Firenze?
フィレンツェ行きの列車は何番線ですか？

● Il treno parte dal binario tre.
3番線から発車します。

◇ C'è un deposito bagagli a mano?
手荷物預かり所はありますか？

Capitolo 3 — 1 — Track 25

> Prima classe o seconda?

Arisa deve decidere in che classe viaggiare.

> Sì, una volta a Grosseto. Arriva a Grosseto e poi prende il treno regionale per Siena.

Arisa chiede se ci sono cambi da fare.

> Ecco il biglietto. Da Roma a Grosseto con l'Intercity. Questo è il supplemento. Poi da Grosseto a Siena col Regionale. Sono 23 euro e 50.

Arisa riceve il biglietto.

> Non dimentichi di obliterare il biglietto prima di salire.

Arisa deve obliterare il biglietto.

In treno 列車で

- Il treno da Napoli delle 10 e 20 è in ritardo di 25 minuti.
  ナポリから10時20分に到着予定の列車は25分遅れています。

- Il treno per Bologna delle 10 e 25 arriverà con dieci minuti di ritardo.
  ボローニャ行き10時25分発の列車は10分遅れて到着します。

1 駅で

(イラスト1) 切符売り場で。
　　　駅員　　：　こんにちは。
　　　アリサ　：　こんにちは。シエナ行きの切符が欲しいのですが。

(イラスト2) 駅員はアリサにどの列車に乗るのか尋ねます。
　　　駅員　　：　どの列車に乗りますか？
　　　アリサ　：　11時46分発のです。

(イラスト3) 駅員は列車を調べます。
　　　駅員　　：　11時46分発のインターシティーは特急料金が必要です。
　　　アリサ　：　分かりました。

(イラスト4) 駅員はどのような切符をアリサが買いたいのかを尋ねます。
　　　駅員　　：　往復ですか，それとも片道ですか？
　　　アリサ　：　片道だけです。

(イラスト5) アリサはどのクラスで行くかを決めなければなりません。
　　　駅員　　：　一等車ですか，二等車ですか？
　　　アリサ　：　二等でお願いします。

(イラスト6) アリサは乗り換えしなければならないか尋ねます。
　　　アリサ　：　乗り換えをしなければなりませんか？
　　　駅員　　：　はい，グロッセートで一回です。グロッセートに着いて，その後，シエナ行きの在来線に乗ります。

(イラスト7) アリサは切符を受け取ります。
　　　駅員　　：　はい，切符です。片道のみ，ローマからグロッセートまでのインターシティです。これは，特急券です。それから，グロッセートからシエナの在来線です。23ユーロ50です。

(イラスト8) アリサは切符に刻印しなければなりません。
　　　駅員　　：　お乗りになる前に切符に刻印するのを忘れないでください。
　　　アリサ　：　分かりました，ありがとう。さようなら。

Info-Box 少し知ってお得なイタリア情報

　時間通りに来ない，車体が古いなど悪名の高かったイタリア鉄道ですが，近年では整備が進み，美しいデザインの電車や，駅舎のバリアフリー化なども進みつつあります。特に2008年に新しく導入された高速特急フレッチャロッサ（Frecciarossa：赤い矢の意味）や，フレッチャルジェット（Frecciargento：銀の矢），フレッチャビアンカ（Frecciabianca：白い矢）は人気があります。また列車は遅れて到着することも多々ありますが，「それほど遅れて来ない」ことや「時間どおりに来る」こともあるので，やはり列車での旅は余裕を持って時間どおりに駅に向かいましょう。列車が遅れたときでも，駅構内には必ずバールがありますのでそこでカフェを飲んだり，本を持参したりして気長に待つのも一案です。悪評の一つであった，切符を買うための行列も，切符自動販売機の導入で解消されつつあります。ヨーロッパ全体の鉄道網の整備により，フランスやドイツなどから国境を越えて来る電車も多くあります。遠くからやってくる電車は遅れやすいので，出発地がどこかも事前に注意するとよいでしょう。なお，電車に乗る前に，切符売り場やホームなどの駅構内にある機械で，切符に日時を刻印しないと罰金を取られます。急いでいると忘れてしまいがちなので，これにも注意しましょう。

In treno 列車で

ボキャブラリー

il biglietto　男 切符　　　　　　　　　il supplemento　男 特急券
il treno regionale (Regionale, R)　男 ローカル列車
l'Intercity (IC)　男 都市間特急
il treno interregionale (Interregio, IR)　男 地方都市間列車
l'Eurocity (EC)　男 ヨーロッパ都市間特急　　la ferrovia　女 鉄道
gli orari ferroviari　複 時刻表　　　　　il binario　男 ホーム・レール・〜番線
la stazione terminale　女 / il capolinea　男 終着駅

2 Nel treno …… 列車の中で

Track 27

Livello 1 列車の中でのシーンです。まずはCDを聴いてみましょう。

― Mi scusi, questo posto è libero?
― Sì, prego.

Arisa è in viaggio per Siena.

― Posso aiutarLa?
― Sì, grazie mille.

Arisa cerca di mettere i suoi bagagli sul portabagagli.

― Posso aprire il finestrino?
― Sì, prego.

Arisa vorrebbe aprire il finestrino.

― Buongiorno, biglietti prego.
― Ecco a Lei.

Arriva il controllore.

🔑 重要表現を覚えましょう。
キーフレーズ

◇ Questo posto è libero?
この席は空いていますか？

● È occupato. Mi dispiace.
ふさがっています。すみません。

● Posso aiutarLa?
お手伝いしましょうか？

◇ Per prendere il Regionale per Siena, devo cambiare binario?
シエナ行きの在来線に乗るためにはホームを変えなければなりませんか？

◇ C'è un ristorante su questo treno?
この列車に食堂車はありますか？

● Sì, il vagone ristorante è il terzo.
はい，食堂車は3号車です。

Capitolo 3 **2** Track 27

A Grosseto, per prendere il Regionale per Siena, devo cambiare binario?

No, parte dallo stesso binario.

Arisa chiede come fare per cambiare a Grosseto.

C'è un ristorante su questo treno?

Sì, il vagone ristorante è il terzo.

Grazie.

Arisa chiede se c'è un ristorante sul treno.

Signore e signori, siamo lieti di annunciarvi che il treno sta per arrivare alla stazione di Civitavecchia. Prossima stazione Civitavecchia.

Un annuncio.

Permesso! Posso passare?

Prego.

Arisa si prepara a scendere.

In treno 列車で

◇ Posso aprire il finestrino?
窓を開けてもいいでしょうか？

● Signore e signori, buongiorno.
皆様、こんにちは。(アナウンスなどの出だしのことば)

● Il treno sta per arrivare alla stazione di Civitavecchia.
列車はまもなくチビタベッキアに到着します。

● Il vagone ristorante è il terzo.
食堂車は３号車です。

◇ Permesso! Posso passare?
すみません！ 通っていいですか？

2 Nel treno

Track 28

Livello 2 今度はアリサになって言ってみましょう。

Sì, prego.

Posso aiutarLa?

Arisa è in viaggio per Siena.

Arisa cerca di mettere i suoi bagagli sul portabagagli.

Buongiorno, biglietti prego.

Sì, prego.

Arisa vorrebbe aprire il finestrino.

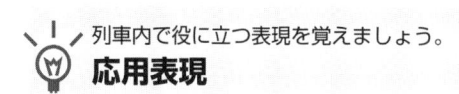

Arriva il controllore.

列車内で役に立つ表現を覚えましょう。
応用表現

Track 29

◇ Mi scusi, questo è il mio posto.
すみません，そこは私の席です。

◇ Qual è la prossima stazione?
次の駅はどこですか？

◇ Questo treno è in ritardo?
この列車は遅れていますか？

◇ Quanto è in ritardo questo treno?
この列車はどのくらい遅れていますか？

◇ Faccio ancora in tempo a prendere il treno da Grosseto per Siena delle 13 e 40?
グロッセートからシエナ行き13時40分の電車に乗るために間に合うでしょうか？

Capitolo 3 — 2 — Track 28

In treno 列車で

"No, parte dallo stesso binario."

Arisa chiede come fare per cambiare a Grosseto.

"Sì, il vagone ristorante è il terzo."

Arisa chiede se c'è un ristorante sul treno.

"Signore e signori, siamo lieti di annunciarvi che il treno sta per arrivare alla stazione di Civitavecchia. Prossima stazione Civitavecchia."

Un annuncio.

"Prego."

Arisa si prepara a scendere.

◇ Quanto si ferma il treno a Napoli?
　ナポリでの停車時間はどのくらいでしょうか？

◇ Mi dispiace, non trovo più il mio biglietto!
　すみません，切符が見当たりません。

◆ Buon viaggio!
　良い旅を！

2 列車の中で

(イラスト1) アリサはシエナへ旅をしています。
アリサ　：　すみません，この席は空いていますか？
乗客　　：　はい，どうぞ。

(イラスト2) アリサは棚に荷物を乗せようとします。
乗客　　：　手伝いましょうか？
アリサ　：　はい，ありがとうございます。

(イラスト3) アリサは窓を開けたいと思っています。
アリサ　：　窓を開けてもいいでしょうか？
乗客　　：　はい，どうぞ。

(イラスト4) 車掌が切符の検札にやってきます。
車掌　　：　こんにちは。切符をお願いします。
アリサ　：　はい，どうぞ。

(イラスト5) アリサはグロッセートでどのように乗り換えするのか尋ねます。
アリサ　：　グロッセートでシエナ行きの在来線に乗るにはホームを変えなければならないでしょうか？
車掌　　：　いいえ，同じホームからです。

(イラスト6) アリサは列車に食堂車があるか尋ねます。
アリサ　：　この列車に食堂車はありますか？
車掌　　：　はい，食堂車は3号車です。
アリサ　：　ありがとうございます。

(イラスト7) アナウンス
車内アナウンス　：　みなさま，列車は間もなくチビタベッキアに到着することをお伝えいたします。次の駅はチビタベッキアです。

(イラスト8) アリサは降りる用意をします。
アリサ　：　すみません！　通っていいですか？
乗客　　：　どうぞ。

Info-Box 少し知ってお得なイタリア情報

　バカンスや帰省シーズンで，列車が混んでいるときには席が見つからないこともあります。通路にも補助席があるので利用したり，空いている席を探しまわる必要があることでしょう。大きな荷物を持って移動する人が多いので，他の人にぶつからないように通行には十分に注意を払い，トイレなどに行く時には必ず貴重品を身に付けるようにしてください。長旅で座っていると，よく人に話しかけられます。旅の醍醐味とも言えるのですが，疲れていて話しかけられたくないときには，窓の外を見たり，持っている本を読みだしたりして，何気なくサインを送るとよいでしょう。またイタリア人は携帯電話が大好き！車内で電話で話すのは特にマナー違反には当たらないようです。

ボキャブラリー

il vagone 男 / la carrozza 女 車両
il vagone letto 男 / la carrozza a cuccette 女 寝台車
il portabagagli 男 荷物棚　　　　　la prossima stazione 女 次の駅
la stazione precedente 女 前の駅　　la terza stazione 女 3番目の駅
l'annuncio 男 アナウンス
salire (sul treno) / prendere (il treno) （列車に）乗る
scendere (dal treno) （列車から）降りる　　cambiare (il treno) （列車を）乗り換える

イラスト辞書 Vocabolario illustrato

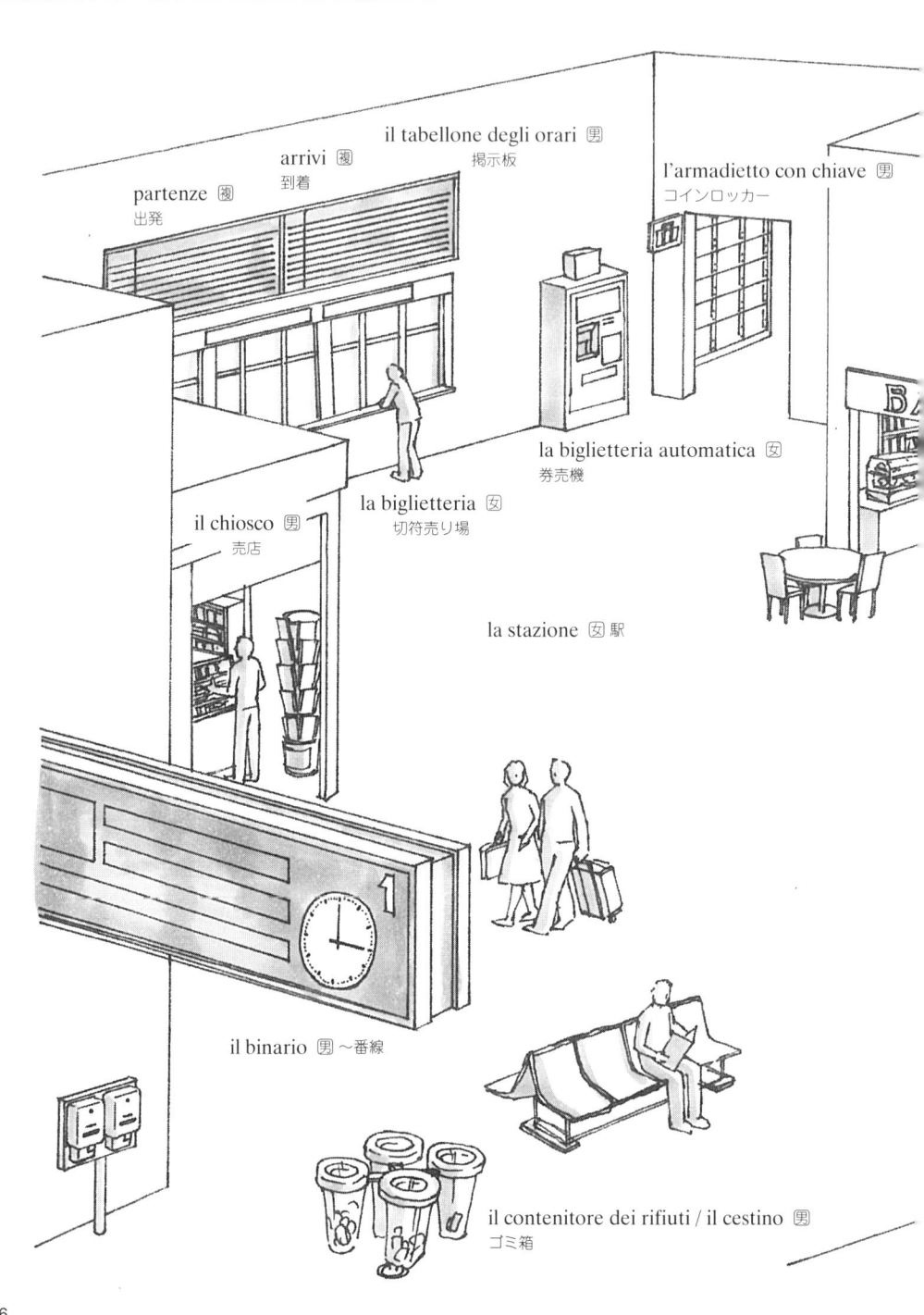

- partenze 複 出発
- arrivi 複 到着
- il tabellone degli orari 男 掲示板
- l'armadietto con chiave 男 コインロッカー
- la biglietteria automatica 女 券売機
- il chiosco 男 売店
- la biglietteria 女 切符売り場
- la stazione 女 駅
- il binario 男 〜番線
- il contenitore dei rifiuti / il cestino 男 ゴミ箱

il vagone letto 男　la carrozza letto 女　la cuccetta 女 寝台車

il bar 男 バール

il controllore 男 車掌

il posto 男 座席

il vagone 男
la carrozza ristorante 男
食堂車

gli orari ferroviari /
gli orari dei treni 複
時刻表

la carrozza 女
il vagone 男
車両

il treno 男
列車

In treno 列車で

文法

不規則動詞 II

重要な不規則動詞の活用を確認しましょう。

	venire 来る	salire 乗る	uscire 出る	sapere 知る*	giocare 遊ぶ**
io	vengo	salgo	esco	so	gioco
tu	vieni	sali	esci	sai	giochi
lui / lei	viene	sale	esce	sa	gioca
noi	veniamo	saliamo	usciamo	sappiamo	giochiamo
voi	venite	salite	uscite	sapete	giocate
loro	vengono	salgono	escono	sanno	giocano

* sapereには「知る」の他に，「～ができる」という使い方もあります。(→ C8-3参照)
** giocareには「(スポーツ等を) する」という意味もあります。

ジェルンディオとその用法

① ジェルンディオの作り方

are動詞　　→　-ando　　例 andare → andando　　mangiare → mangiando
ire動詞, ere動詞　→　-endo　　例 sentire → sentendo　　mettere → mettendo
不規則形：fare → facendo　　dire → dicendo　　bere → bevendo　　など

② stare＋ジェルンディオという形を使い，現在進行中の動作を示すことができます。この場合にはstareを主語によって変化させます。

Studio l'inglese. 英語を勉強する。
→ **Sto studiando** l'inglese. 英語を勉強している (ところだ)。
Arriviamo a casa. (私たちは) 家に着く。
→ **Stiamo arrivando** a casa. (私たちは) 家に到着するところだ。

③ ジェルンディオを用いて，「～しながら」「～の途中で」「～なので」など状態，様態，理由などを表すことができます。

Mio figlio mangia un gelato **guardando** la tv.　息子はテレビを見ながらジェラートを食べます。
Andando alla posta, passo anche da Mario.
　　　　　　　　　　　　　　　郵便局に行く途中でマリオの所にも寄る。
Pensando al tempo di ieri, ho preso un ombrello.
　　　　　　　　　　　　　　　昨日の天気のことを考えて，傘を持ってきた。

Capitolo 4

Track 30-44

Nella città I   街で①

1. **Nell'ufficio turistico**　観光案内所で
2. **All'ufficio postale**　郵便局で
3. **In banca**　銀行で
4. **Alla cassa del teatro d'opera**　オペラ劇場のチケット売り場で
5. **In farmacia**　薬局で

1 All'ufficio turistico …… 観光案内所で　　Track 30

Livello 1 街の観光案内所に着きました。まずはCDを聴いてみましょう。

> Posso aiutarLa?

> Sì, grazie. Vorrei una cartina della città.

Arisa va all'ufficio turistico.

> Avete anche un calendario delle manifestazioni culturali di questo mese?

Arisa vuole un calendario delle manifestazioni culturali.

> Ecco a Lei.

> Quanto costa?

> Niente, è gratis.

Arisa chiede quanto costa.

> Lì ci sono il calendario delle manifestazioni di questi mesi, gli opuscoli dei musei e altri opuscoli vari. Prenda pure quello che desidera.

L'impiegato mostra ad Arisa una mensola con vari opuscoli.

重要表現を覚えましょう。
キーフレーズ

- Posso aiutarLa?
  いらっしゃいませ。／お手伝いしましょうか？

◇ Avete un calendario delle manifestazioni culturali?
  文化的な催し物の日程表はありますか？

◇ Quanto costa? / Quanto viene?
  いくらですか？

- È gratis.
  無料です。

◇ Ci sono visite guidate alla città?
  街のガイド付きツアーはありますか？

◇ Quanto dura la visita?
  見学はどのくらい（の時間）続きますか？

◇ Da dove comincia la visita?
  見学はどこから始まりますか？

Capitolo 4 1 **Track 30**

> Scusi, ancora una domanda: ci sono anche visite guidate alla città?

> Sì, ogni mattina alle 10 e ogni pomeriggio alle 15.

> Quanto viene?

> 12 euro per gli adulti.

Arisa chiede informazioni sulle visite guidate alla città.

Arisa chiede quanto costa.

> Quanto dura la visita?

> Circa due ore.

> Da dove comincia la visita?

> Qui davanti all'ufficio turistico. Deve presentarsi qui circa venti minuti prima dell'orario previsto.

Arisa chiede quanto dura la visita guidata.

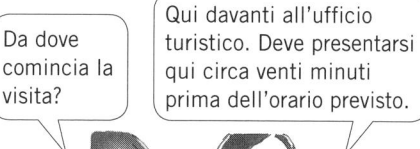

Arisa chiede da dove parte la visita guidata.

Nella città I　街で①

- Deve presentarsi qui circa venti minuti prima dell'orario previsto.
  予定時刻の約20分前にこちらに来ていただかなければなりません。

1 All'ufficio turistico　　Track 31

Livello 2　今度はアリサになって尋ねてみましょう。

Posso aiutarLa?

Arisa va all'ufficio turistico.

Arisa vuole un calendario delle manifestazioni culturali.

Ecco a Lei.

Lì ci sono il calendario delle manifestazioni di questi mesi, gli opuscoli dei musei e altri opuscoli vari. Prenda pure quello che desidera.

Niente, è gratis.

Arisa chiede quanto costa.

L'impiegato mostra ad Arisa una mensola con vari opuscoli.

観光する際に役に立つ表現を覚えましょう。
応用表現

Track 32

- Gli studenti pagano 5 euro.
  学生は5ユーロです。
- Gli adulti pagano 8 euro.
  大人は8ユーロです。
- I bambini pagano 3 euro.
  子供は3ユーロです。
- ◇ Che cosa bisogna assolutamente vedere in questa città?
  この街で最も見るべきものは何でしょうか？
- ◇ Posso prenderne uno?
  これを1つ持って行っていいですか？

Capitolo 4 — **1** — Track 31

(Vignetta 1) Sì, ogni mattina alle 10 e ogni pomeriggio alle 15.

Arisa chiede informazioni sulle visite guidate alla città.

(Vignetta 2) 12 euro per gli adulti.

Arisa chiede quanto costa.

(Vignetta 3) Circa due ore.

Arisa chiede quanto dura la visita guidata.

(Vignetta 4) Qui davanti all'ufficio turistico. Deve presentarsi qui circa venti minuti prima dell'orario previsto.

Arisa chiede da dove parte la visita guidata.

Nella città I 街で①

◇ C'è una cartina della città in giapponese? / C'è un opuscolo in giapponese?
日本語の地図／パンフレットはありますか？

◇ Vorrei prenotare un giro turistico della città.
市内観光ツアーに申し込みたいのですが。

◇ Oggi i musei sono aperti?
今日は博物館は開いていますか？

◇ Quali sono i ristoranti più rinomati della città?
どのレストランが有名ですか？

1 観光案内所で

(イラスト1) アリサは観光案内所に行きます。
係員　：　お手伝いしましょうか？
アリサ：　はい，ありがとうございます。街の地図が欲しいのですが。

(イラスト2) アリサは文化的な催し物の日程表をほしがっています。
アリサ：　今月の催し物のカレンダーもありますか？

(イラスト3) アリサはいくらか尋ねます。
係員　：　こちらです，どうぞ。
アリサ：　おいくらですか？
係員　：　いいえ，無料です。

(イラスト4) 係員はいろいろなパンフレットのある棚を見せます。
係員　：　あそこに数ヵ月分の文化的催し物の日程表や，博物館のパンフレット，その他のパンフレットなどがあります。お好きなものをお持ちください。

(イラスト5) アリサは街のガイド付きツアーの情報を尋ねます。
アリサ：　すみません，もうひとつ質問なんですが。街のガイド付きツアーはありますか？
係員　：　はい，毎日午前10時と午後は15時にあります。

(イラスト6) アリサはいくらか尋ねます。
アリサ：　おいくらですか？
係員　：　大人は12ユーロです。

(イラスト7) アリサはガイド付きツアーがどのくらいかかるのか尋ねます。
アリサ：　ツアーはどのくらいかかりますか？
係員　：　およそ2時間です。

(イラスト8) アリサはガイド付きツアーがどこから出発するのか尋ねます。
アリサ：　どこからツアーは出発しますか？
係員　：　ここの観光案内所の前です。予定時刻の約20分前にここにおいでくださらなければなりません。

Info-Box 少し知ってお得なイタリア情報

　不案内な土地を手っ取り早く観光するためには，ガイド付き街のツアーなどに参加するとよいでしょう。イタリアの街の中心地はこじんまりとしているので，ガイドがいれば要領よく回ることができ，ひとりでは分からないような情報を得ることができます。まずは観光案内所で街の地図やいろいろなパンフレットをもらってみましょう。お土産になりそうな，絵はがきが売られていたり，カレンダーや美しい小冊子も用意されています。観光シーズンには，お祭りやイベントなどが催されているかもしれません。

　外食には，ぜひその地方の郷土の料理を食べてみてください。ホテルの人や観光案内所で名物料理や人気のレストランなども教えてくれます。

ボキャブラリー

l'ufficio turistico 　男 観光案内所
il calendario 　男 日程表，カレンダー
il museo 　男 博物館／美術館
il duomo 　男 大聖堂
il municipio 　男 市役所

la visita guidata 　女 ガイド付きツアー
l'opuscolo 　男 パンフレット
la chiesa 　女 教会
il palazzo 　男 宮廷，（貴族の）館，大邸宅

2 All'ufficio postale …… 郵便局で　　Track 33

Livello 1　郵便局で日本に宛てて郵便物を出します。まずは CD を聴いてみましょう。

> Quanto costa spedire una cartolina in Giappone?

> In Giappone? 85 centesimi.

> E una lettera?

> Sempre 85 centesimi fino a 20 grammi.

Arisa chiede quanto costa spedire una cartolina in Giappone.

Arisa chiede quanto costa spedire una lettera.

> Allora mi può dare dieci francobolli da 85 centesimi?

> Vorrei inoltre spedire anche questo pacchetto.

> Via aerea o via mare?

Arisa compra i francobolli.

Arisa vuole spedire un pacco postale.

重要表現を覚えましょう。
キーフレーズ

◇ Quanto costa spedire una cartolina / una lettera in Giappone?
日本にはがき／手紙を送るのはいくらですか？

● 85 centesimi fino a 20 grammi.
20グラムまでは85セントです。

◇ Vorrei inoltre spedire anche questo pacchetto.
その他にこの小包も送りたいのですが。

● Via aerea o via mare?
航空便ですか船便ですか？

◇ Quanto ci mette via mare?
船便でどのくらいかかりますか？

◇ Preferisco spedire per via aerea.
航空便で送るほうがいいです。

Capitolo 4 2 Track 33

> Quanto ci mette via mare?

> Circa due mesi: da sei a otto settimane.

> Allora preferisco spedire per via aerea.

> Semplice o assicurato?

> Assicurato, prego.

Arisa chiede quanto tempo impiega la spedizione via mare.

Arisa decide di spedire per via aerea.

> Allora, per favore, compili questo modulo. Scriva nome e indirizzo del destinatario e del mittente. Poi scriva anche cosa è contenuto nel pacchetto e che valore possiede.

> Il pacchetto pesa tre chili. Sono 58 euro. Dunque, con i francobolli fanno 66 euro e cinquanta.

> Ecco, a Lei.

Arisa deve compilare la dichiarazione del contenuto del pacchetto.

Arisa paga.

Nella città I 街の①

- Per favore, compili questo modulo.
  このフォームに記入してください。

- Scriva nome e indirizzo.
  名前と住所をお書きください。

2 All'ufficio postale

Track 34

Livello 2 今度はアリサになって郵便を出してみましょう。

In Giappone? 85 centesimi.

Arisa chiede quanto costa spedire una cartolina in Giappone.

Sempre 85 centesimi fino a 20 grammi.

Arisa chiede quanto costa spedire una lettera.

Arisa compra i francobolli.

Via aerea o via mare?

Arisa vuole spedire un pacco postale.

郵便局で役に立つ表現を覚えましょう。
応用表現

Track 35

- Il pacchetto pesa tre chili.
  小包は3キロです。

◇ Vorrei spedire questa lettera come espresso.
この手紙を速達で送りたいのですが。

◇ Vorrei spedire questa lettera come raccomandata.
この手紙を書留で送りたいのですが。

◇ Dentro questo pacchetto ci sono oggetti fragili.
この小包の中には割れ物が入っています。

◇ Vorrei quella grande scatola per fare un pacchetto.
あの大きな小包用ボックスをください。

Capitolo 4 — **2** — Track 34

— Circa due mesi: da sei a otto settimane.

Arisa chiede quanto tempo impiega la spedizione via mare.

— Semplice o assicurato?

Arisa decide di spedire per via aerea.

— Allora, per favore, compili questo modulo. Scriva nome e indirizzo del destinatario e del mittente. Poi scriva anche cosa è contenuto nel pacchetto e che valore possiede.

Arisa deve compilare la dichiarazione del contenuto del pacchetto.

— Il pacchetto pesa tre chili. Sono 58 euro. Dunque, con i francobolli fanno 66 euro e cinquanta.

Arisa paga.

- Che valore ha questo pacchetto?
  この小包はどのくらいの価値がありますか？

◇ Dentro ci sono libri miei personali. Che cosa devo scrivere in questo caso?
  この中には自分用の本が入っています。どのように書けばよいですか？

Nella città I 街①

2 郵便局で

- イラスト1　アリサはハガキを日本に送るのにいくらかかるか尋ねます。
  - アリサ　　：　日本へハガキを送るにはいくらかかりますか？
  - 郵便局員　：　日本ですか？　85セントです。

- イラスト2　アリサは手紙を送るのはいくらかを尋ねます。
  - アリサ　　：　手紙は？
  - 郵便局員　：　それも20グラムまでなら85セントです。

- イラスト3　アリサは切手を買います。
  - アリサ　　：　それでは85セントの切手を10枚いただけますか？

- イラスト4　アリサは小包も送りたいです。
  - アリサ　　：　その他にこの小包も送りたいのですが。
  - 郵便局員　：　航空便ですか，船便ですか？

- イラスト5　アリサは船便でどのくらいかかるのか尋ねます。
  - アリサ　　：　船便だとどのくらいかかるのですか？
  - 郵便局員　：　約2カ月です。6週間から8週間ですね。

- イラスト6　アリサは航空便で送ることに決めます。
  - アリサ　　：　それでは航空便で送りたいです。
  - 郵便局員　：　そのままですか，保険付きですか？
  - アリサ　　：　保険付きでお願いします。

- イラスト7　アリサは小包の内容証明を書かなければなりません。
  - 郵便局員　：　それでは，このフォームに記入してください。受取人と送り人の名前と住所を書いてください。それから小包の中に何が入っているかと価格を書いてください。

- イラスト8　アリサは支払います。
  - 郵便局員　：　小包は3キロです。58ユーロです。つまり，切手とで66ユーロ50セントになります。
  - アリサ　　：　はい，どうぞ。

Info-Box 少し知ってお得なイタリア情報

　長い行列，不親切な対応……，イタリアで郵便局に行くのはうんざりすることの一つですが，最近ではEUの他の国々への流通も増えたことから，建物や設備が新しくなるなど徐々に良くなってきているように思われます。それでも小さい街などでは，日本へ郵便を送ったことのない郵便局員がいたりなどで，なかなか適切な対応をしてもらえないこともありますが，そこはイタリア。イライラした方が負けですので，頑張って正確に手続きをしましょう。長期滞在の場合，イライラをふせぐために，一番良いのは郵便局員と顔見知りになることでしょう。余裕が出てきたら世間話のひとつでもしてみてください。イタリアから送るときもイタリアで荷物を受け取る時も，内容が「プレゼント」で新品の物であると税金が付加されることもあります。自分宛ての物であれば，oggetti personali: libri, vestiti（個人の持ち物：本，服）などとしっかり明示したほうが無難です。また，クリスマスやイースター休みなどの休日やバカンスの時期には，郵便の到着は遅れがちです。その時期に急いで送るものがあれば，書留や速達などを利用したほうがよいでしょう。

ボキャブラリー

(la posta per) via aerea　航空便
la busta　女 封筒
la buca delle lettere　女 郵便ポスト
la posta　女 郵便物
la cartolina　女 はがき

(la posta per) via mare　船便
il pacchetto　男 小包
l'ufficio postale　男 郵便局
il francobollo　男 切手
spedire / mandare　送る

3 In banca ...... 銀行で

Track 36

Livello 1　アリサは銀行に両替をしに行きます。

> Prego.

> Buongiorno. Vorrei cambiare yen in euro.

> Quanti yen vuole cambiare?

> 40000 yen.

Arisa vuole cambiare soldi.

L'impiegato chiede quanti yen vuole cambiare.

> Ecco, sono 348 euro. Prego, firmi qui.

> Scusi, può darmi anche banconote di piccolo taglio?

> Posso anche cambiare degli assegni turistici?

Arisa vuole banconote di piccolo taglio.

Arisa vorrebbe cambiare degli assegni turistici.

重要表現を覚えましょう。
キーフレーズ

◇ Vorrei cambiare yen in euro.
円をユーロに替えたいのですが。

● Firmi qui.
ここにサインしてください。

◇ Può darmi anche banconote di piccolo taglio?
小額の紙幣もくださいますか？

◇ Posso anche cambiare degli assegni turistici?
トラベラーズチェックを換金することもできますか？

● In che valuta?
通貨は何ですか？

◇ Posso ritirare contanti con la mia carta di credito?
クレジットカードで現金を下ろすことはできますか？

Capitolo 4 **3** Track 36

> In che valuta?

> Yen.

L'impiegato chiede in che valuta sono gli assegni.

> Bene. Allora, firmi pure gli assegni.

Arisa deve firmare gli assegni.

> Posso ritirare contanti con la mia carta di credito dal bancomat?

> Certo, i bancomat sono in funzione 24 ore su 24.

Arisa vorrebbe ritirare contanti da un bancomat con la sua carta di credito.

> Scusi, potrebbe aiutarmi?

> Certo.

Arisa chiede aiuto all'impiegato.

Nella città I 街で①

◇ I bancomat sono in funzione 24 ore su 24.
　ATMは24時間やっています。

◇ Scusi, potrebbe aiutarmi?
　すみません，手伝っていただけませんか？

3 In banca

Track 37

Livello 2 今度はアリサになって両替してみましょう。

Prego.

Arisa vuole cambiare soldi.

Quanti yen vuole cambiare?

L'impiegato chiede quanti yen vuole cambiare.

Ecco, sono 348 euro. Prego, firmi qui.

Arisa vuole banconote di piccolo taglio.

Arisa vorrebbe cambiare degli assegni turistici.

両替で役に立つ表現を覚えましょう。
応用表現

Track 38

◇ Dove posso cambiare degli assegni turistici / dei traveller's check?
トラベラーズチェックはどこで替えられますか？

◇ Dove posso cambiare valuta?
お金はどこで替えられますか？

● Non si accettano assegni turistici / traveller's check.
トラベラーズチェックは受け付けておりません。

◇ A quanto si cambiano oggi gli yen in euro?
円からユーロへの今日の交換レートはどうなっていますか？

◇ Quanto costa la commissione?
手数料はいくらかかりますか？

"In che valuta?"

L'impiegato chiede in che valuta sono gli assegni.

"Bene. Allora, firmi pure gli assegni."

Arisa deve firmare gli assegni.

"Certo, i bancomat sono in funzione 24 ore su 24."

Arisa vorrebbe ritirare contanti da un bancomat con la sua carta di credito.

"Certo."

Arisa chiede aiuto all'impiegato.

3 銀行で

(イラスト1)　アリサは両替をしたいです。
　　　　　銀行員　：　どうぞ。
　　　　　アリサ　：　こんにちは。円をユーロに替えたいのですが。

(イラスト2)　銀行員は何円替えたいのか尋ねます。
　　　　　銀行員　：　いくらの円を両替したいのですか？
　　　　　アリサ　：　40000円です。

(イラスト3)　アリサは小額の紙幣がほしいです。
　　　　　銀行員　：　はい，348ユーロです。どうぞ，こちらにサインを。
　　　　　アリサ　：　すみません，小額の紙幣もくださいますか？

(イラスト4)　アリサはトラベラーズチェックを換金したいです。
　　　　　アリサ　：　トラベラーズチェックを換金することもできますか？

(イラスト5)　銀行員はチェックがどの通貨か尋ねます。
　　　　　アリサ　：　通貨は何ですか？
　　　　　銀行員　：　円です。

(イラスト6)　アリサはチェックにサインしなければなりません。
　　　　　銀行員　：　いいですよ。それでは，小切手にサインしてください。

(イラスト7)　アリサはATMからクレジットカードで現金を下ろしたいです。
　　　　　アリサ　：　私のクレジットカードでATMから現金を引き出すことができますか？
　　　　　銀行員　：　もちろんです，ATMは24時間やっています。

(イラスト8)　アリサは銀行員に手伝ってくれるようお願いします。
　　　　　アリサ　：　すみません，手伝っていただけますか？
　　　　　銀行員　：　もちろんです。

Info-Box 少し知ってお得なイタリア情報

　以前は海外へはトラベラーズチェックを持っていくのが主流でしたが，最近では海外でも使える日本の銀行で発行された国際キャッシュカードを使うことが増えてきました。また，クレジットカードが使える店が増え，以前ほど現金を持ち歩く必要がなくなってきています。現金がどうしても必要なときには，手数料がかかりますが，クレジットカードでも現金を下ろすことができます（イタリアのATMは24時間いつでも開いています）。イタリアではBancomatという銀行のキャッシュカード（日本のデビットカードにあたります）を使った買い物が一般的になってきました。スーパーなどで，現金で支払う代わりにBancomatを提示して，暗証番号を押す人を多く見かけることでしょう。長期滞在でイタリアの銀行に口座を持てば，Bancomatで買い物をすることができるようになります。

ボキャブラリー

il cambio　男　両替　　　　　　　　　le banconote　複　紙幣
la moneta　女　硬貨　　　　　　　　　la valuta　女　通貨
gli assegni turistici　複　トラベラーズチェック　　i contanti　複　現金
il corso del cambio　男　為替レート　　la commissione　女　手数料
il bancario　男 / la bancaria　女　銀行員　　l'impiegato / a di banca　男 / 女　銀行員

4 Alla cassa del teatro d'opera ······ オペラ劇場のチケット売り場で **Track 39**

Livello 1 アリサはオペラを見に行くことにしました。まずはCDを聴いてみましょう。

> Scusi, un biglietto per l'Aida.

> Per questa sera?

Arisa va alla biglietteria.

> No, per il 4 settembre. Ci sono ancora biglietti da 30 euro?

Arisa prenota un biglietto.

> No, purtroppo sono già esauriti. Sono rimasti solo biglietti da 40 o 60 euro.

L'impiegato spiega quali biglietti sono ancora disponibili.

> Allora, un biglietto da 40 euro, per favore.

Arisa compra un biglietto da 40 euro.

重要表現を覚えましょう。
キーフレーズ

◇ Scusi, un biglietto per l'Aida.
すみません，アイーダのチケットを1枚ください。

◇ Ci sono ancora biglietti da 30 euro?
30ユーロのチケットはまだありますか？

● Purtroppo sono già esauriti.
残念ながらもう売り切れました。

● Sono rimasti solo biglietti da 40 o 60 euro.
40ユーロから60ユーロのチケットしか残っていません。

◇ C'è un biglietto ridotto per studenti?
学生割引のチケットはありますか？

● Mi mostri il suo documento.
学生証を見せてください。

Capitolo 4 — **4** — Track 39

> C'è un biglietto ridotto per studenti?

> Sì. Mi mostri il Suo documento.

Arisa chiede se ci sono riduzioni per studenti.

> A che ora inizia lo spettacolo?

> Alle 7.

Arisa chiede a che ora inizia lo spettacolo.

> Quanto dura lo spettacolo?

> Circa 4 ore. A metà ci sono 30 minuti di pausa.

Arisa chiede quanto dura lo spettacolo.

> Ecco il Suo biglietto, buon divertimento.

> Grazie.

Arisa riceve il Suo biglietto.

Nella città I 街で①

◇ A che ora inizia lo spettacolo?
公演は何時に始まりますか？

◇ Quanto dura lo spettacolo?
公演はどのくらい時間がかかりますか？

● Buon divertimento!
楽しんできてください！

4 Alla cassa del teatro d'opera

Track 40

Livello 2 今度はアリサになってオペラのチケットを買ってみましょう。

Per questa sera?

Arisa va alla biglietteria.

Arisa prenota un biglietto.

No, purtroppo sono già esauriti. Sono rimasti solo biglietti da 40 o 60 euro.

L'impiegato spiega quali biglietti sono ancora disponibili.

Arisa compra un biglietto da 40 euro.

チケット売り場で役に立つ表現を覚えましょう。

応用表現

Track 41

◇ Qual è il programma di oggi?
今日の演目は何ですか？

◇ Mi potrebbe dare un programma, per favore?
プログラムをください。

◇ Quando c'è la pausa?
休憩はいつですか？

◇ Ci sono ancora posti in platea? / in prima fila? / in galleria?
一階席／最前列／階上席の席はまだありますか？

Capitolo 4 Track 40

Sì. Mi mostri il Suo documento.

Arisa chiede se ci sono riduzioni per studenti.

Alle 7.

Arisa chiede a che ora inizia lo spettacolo.

Circa 4 ore. A metà ci sono 30 minuti di pausa.

Arisa chiede quanto dura lo spettacolo.

Ecco il Suo biglietto, buon divertimento.

Arisa riceve il Suo biglietto.

Nella città I 街で①

◇ Ci sono posti per portatori di handicap?
車椅子用の席はまだありますか？

● Tutto esaurito.
（貼り紙で）この公演のチケットは完売しました。

◇ Dov'è il guardaroba?
クロークはどこですか？

◇ Dove posso comperare delle bevande?
飲み物はどこで買えますか？

◇ Dove si può fumare?
どこで喫煙できますか？

◇ Mi scusi, questo è il mio posto.
すみません，ここは私の席です。

◇ Permesso!
すみません！（ちょっと通してください）

4　オペラ劇場のチケット売り場で

(イラスト1)　アリサはチケット売り場に行きます。
　　　　　アリサ　：　すみません。アイーダのチケットを一枚ください。
　　　　　係員　　：　今晩のですか？

(イラスト2)　アリサはチケットを予約します。
　　　　　アリサ　：　いいえ，9月4日です。30ユーロのチケットはまだありますか？

(イラスト3)　係員はどのチケットがまだあるか説明します。
　　　　　係員　　：　いいえ，残念ながらもうありません。40ユーロと60ユーロのチケットしか残っていません。

(イラスト4)　アリサは40ユーロのチケットを買います。
　　　　　アリサ　：　それでは，40ユーロのチケットを一枚ください。

(イラスト5)　アリサは学生割引があるかどうか尋ねます。
　　　　　アリサ　：　学生のための割引チケットはありますか？
　　　　　係員　　：　はい，学生証を見せてください。

(イラスト6)　アリサは何時にオペラが開演するか尋ねます。
　　　　　アリサ　：　何時に公演が始まりますか？
　　　　　係員　　：　7時です。

(イラスト7)　アリサは演目がどのくらいの時間がかかるのか尋ねます。
　　　　　アリサ　：　どのくらい時間がかかるのですか？
　　　　　係員　　：　約4時間です。半分のところで，30分の休憩があります。

(イラスト8)　アリサはチケットを受け取ります。
　　　　　係員　　：　こちらがあなたのチケットです。どうぞお楽しみください。
　　　　　従業員　：　ありがとうございます。

Info-Box 少し知ってお得なイタリア情報

　オペラと言えば，ミラノのスカラ座が有名ですが，夏にイタリアを訪れるのであれば，ヴェローナの野外劇場（Arena）で行われる野外オペラにもぜひ行ってみてください。ローマ時代の劇場の石段に座ってスケールの大きいオペラを見るのは，イタリアの夏ならではの体験です。学割のある日もあり，10〜20ユーロで楽しめます。ホームページ（http://www.arena.it/　英語表示もあり）からオンラインチケットを買ったり，予約したりすることもありますが，席数が多いので間際になってもチケットを手に入れるのはそれほど難しくありません。全国の提携銀行（UniCredit）でもチケットを発売しています。ただし，夜が更けると寒くなってきますので防寒着，石段が固いのでクッション（クッションの貸出もあります）や敷物，席が遠いので双眼鏡やオペラグラスは必須です。オペラの演目は，上映時間が長いものも多いのでその土地でホテルを取っていない場合は，少し早めに切り上げる覚悟も必要かもしれません。

　ミラノのスカラ座ではオペラ以外にもオーケストラやバレエなどの上演もあり，事前にカレンダーで調べて予約したほうが無難です（http://www.teatroallascala.org/）。その他の場所でも，コンサートなどの案内は観光案内所でもらうことができます。

ボキャブラリー

la biglietteria　女 チケット売り場
il teatro　男 劇場
il cantante lirico　男 / la cantante lirica　女 オペラ歌手
il direttore d'orchestra　男 指揮者
il guardaroba　男 クローク
il loggione　男 天井桟敷
l'orchestra　女 オーケストラ
la ballerina / il ballerino　女 / 男 バレーダンサー

la pausa　女 休憩時間
l'opera (lirica)　女 オペラ
il / la musicista　男 / 女 音楽家，演奏者
il palcoscenico　男 舞台
il palco　男 ボックス席

5 In farmacia …… 薬局で

Track 42

Livello 1 アリサは風邪を引いたようです。薬を買いに薬局に行きます。まずはCDを聴いてみましょう。

- Buongiorno, cosa posso fare per Lei?
- Buongiorno, vorrei qualcosa per il raffreddore.

Arisa ha bisogno di una medicina contro il raffreddore.

- Che sintomi ha?
- Ho il naso chiuso e mi fa molto male la gola.

Il farmacista chiede dei sintomi della malattia.

- Ha anche febbre?
- No, non ho febbre.

Il farmacista chiede se ha febbre.

- Ha allergie?
- Sì, sono allergica all'aspirina.

Il farmacista chiede se Arisa ha allergie.

重要表現を覚えましょう。
キーフレーズ

◇ Vorrei qualcosa per il raffreddore.
何か風邪の薬が欲しいのですが。

● Che sintomi ha?
どんな病状がありますか？

◇ Ho il naso chiuso.
鼻が詰まっています。

◇ Mi fa male la gola / la testa / la pancia / la schiena.
のど／頭／お腹／背中（腰）が痛いです。

● Ha anche febbre?
熱もありますか？

◇ No, non ho febbre.
いいえ，ありません。

● Ha allergie?
アレルギーはありますか？

> Bene, allora prenda questa medicina tre volte al dì dopo i pasti.

Il farmacista dà una medicina ad Arisa.

> E per quanti giorni devo prenderle?

> Fino a quando si sentirà meglio, ma comunque non più a lungo di una settimana. Altrimenti si rivolga ad un medico.

Arisa chiede per quanti giorni deve prendere la medicina.

> Quante pastiglie devo prendere?

> Una alla volta.

Arisa chiede quante pastiglie deve prendere.

> ArrivederLa.

> Grazie, arrivederci.

Arisa esce dalla farmacia.

◇ Sì, sono allergica/(-o) all'aspirina / al latte / all'uovo.
はい，アスピリン／牛乳／卵のアレルギーがあります。

● Prenda questa medicina tre volte al giorno dopo i pasti.
この薬を食後に三回飲んでください。

◇ Quante pastiglie devo prendere?
何錠服用すればよいのですか？

5　In farmacia　　　Track 43

Livello 2 今度はアリサになって薬を買ってみましょう。

> Buongiorno, cosa posso fare per Lei?

Arisa ha bisogno di una medicina contro il raffreddore.

> Che sintomi ha?

Il farmacista chiede dei sintomi della malattia.

> Ha anche febbre?

Il farmacista chiede se ha febbre.

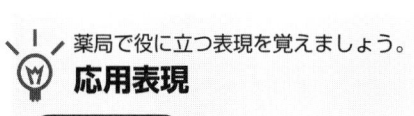

> Ha allergie?

Il farmacista chiede se Arisa ha allergie.

薬局で役に立つ表現を覚えましょう。
応用表現

Track 44

◇ Ho nausea.
　吐き気がします。

◇ Soffro di cuore.
　心臓に持病があります。

◇ Soffro d'asma.
　ぜんそく持ちです。

◇ Sono incinta.
　妊娠しています。

◇ Sono ferito/(-a).
　けがをしています。

Capitolo 4 5 Track 43

> Bene, allora prenda questa medicina tre volte al dì dopo i pasti.

Il farmacista dà una medicina ad Arisa.

> Una alla volta.

Arisa chiede quante pastiglie deve prendere.

> Fino a quando si sentirà meglio, ma comunque non più a lungo di una settimana. Altrimenti si rivolga ad un medico.

Arisa chiede per quanti giorni deve prendere la medicina.

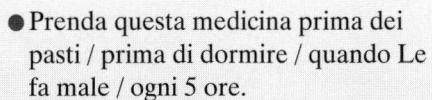

> Grazie, arrivederci.

Arisa esce dalla farmacia.

Nella città I 街で①

- Prenda questa medicina prima dei pasti / prima di dormire / quando Le fa male / ogni 5 ore.
  この薬を食前に／寝る前に／痛むときに／五時間おきに服用してください。

- È meglio che Lei vada da un medico.
  医者に行かれた方がいいです。

◇ Ho mal di denti. Avrei bisogno di un dentista. Come posso fare?
歯が痛いです。歯医者に行きたいんですが，どうすればいいですか？

◇ Dov'è l'ambulatorio?
診療所はどこにありますか？

◇ Dov'è l'ospedale?
病院はどこにありますか？

5 薬局で

(イラスト1) アリサは風邪薬が必要になりました。
薬剤師 ： こんにちは。どういたしましょうか？
アリサ ： こんにちは。風邪薬が何か欲しいのですが。

(イラスト2) 薬剤師は病状を尋ねます。
薬剤師 ： どんな症状がありますか？
アリサ ： 鼻が詰まっていて，のどがとても痛いです。

(イラスト3) 薬剤師は熱があるかどうか尋ねます。
薬剤師 ： 熱もありますか？
アリサ ： いいえ熱はありません。

(イラスト4) 薬剤師はアリサにアレルギーがあるか尋ねます。
薬剤師 ： アレルギーはありますか？
アリサ ： はい，アスピリンのアレルギーがあります。

(イラスト5) 薬剤師は薬をアリサに渡します。
薬剤師 ： 分かりました。それでは，この薬を食後に一日三回飲んでください。

(イラスト6) アリサは何錠飲めばよいのか尋ねます。
アリサ ： 何錠飲めばよいのですか？
薬剤師 ： 一回一錠です。

(イラスト7) アリサは何日間薬を飲めばよいのか尋ねます。
アリサ ： 何日間薬を飲めばよいのですか？
薬剤師 ： 病状が良くなるまでです。でもとにかく一週間以上は続けないでください。良くならなければ医者の所に行ってください。

(イラスト8) アリサは薬局を出ます。
アリサ ： さようなら。
薬剤師 ： ありがとうございます。さようなら。

Info-Box 少し知ってお得なイタリア情報

イタリアの薬局には，いろいろなものが売られています。ばんそうこう，目薬，簡単な風邪薬，綿棒，粉ミルク，爪切り，サプリメント，健康サンダル，介護用品，化粧品など，目に留まったものがあれば気軽に中に入ってみましょう（他の店と同じく，買うために整理番号の紙切れを入口でちぎりとらなければいけないこともあります）。病気が重くなった場合には，イタリアでは基本的にかかりつけ医師を登録することになっており，その医師に処方箋を書いてもらって薬局で薬を購入します（処方箋が手書きでまったく読み取れないようなものをもらうこともあります）。短期滞在のときには，とにかくホテルの人に相談するのが一番です。当直の医師などを紹介してくれるはずです。総合病院に行くときには，救急外来（il pronto soccorso）にまず申し出てください。

ボキャブラリー

il mal di testa　男 頭痛
l'infiammazione　女 炎症
la diarrea　女 下痢
la tosse　女 咳
l'influenza　女 インフルエンザ
il taglio　男 切り傷
l'allergia　女 アレルギー
l'ambulanza　女 救急車
la tessera sanitaria　女 健康保険証
il / la dentista　男 / 女 歯科医
il dermatologo/(-a)　男 皮膚科医
l'internista　男 / 女 内科医

il mal di denti　男 歯痛
il dolore　男 痛み
la costipazione intestinale　女 便秘
il muco　男 鼻水
la virosi　女 ウィルス性疾患
la frattura　女 骨折

la ricetta　女 処方箋
il chirurgo/(-a)　男 / 女 外科医
l'oculista　男 / 女 眼科医
il / la pediatra　男 / 女 小児科医
lo / la psichiatra　男 / 女 精神科医

文法

再帰動詞

　動作が主語（自分，自分たち）に帰ってくる動詞を再帰動詞と言います。日常よく使われますが，いつsiを付けるのか忘れてしまうときも多いのでぜひ確認しておきましょう。
　次の4つのパターンがあります。

① siが動詞の直接目的を表すもの。
　　alzarsi（自分を起こす→起きる），divertirsi（自分を楽しませる→楽しむ）
　　例 Mi presento. 自己紹介します。
②「自分のために」という間接補語になるもの。
　　例 Mi compro un gelato. （自分のために）ジェラートを買う。
③「お互いに・お互いを」という意味になるもの。（主語は必ず複数）
　　例 Ci vediamo! （またお互いに）会いましょう！
　　　 Mario e Lucia si amano. マリオとルチアは愛し合っている。
④ その他　熟語的なものなど。
　　laurearsi（（大学を）卒業する），accorgersi（気が付く），preoccuparsi（心配する），riposarsi（休息する）　など

　次のように活用します。

	svegliarsi 起きる	dovere + svegliarsi*
io	mi sveglio	devo svegliarmi
tu	ti svegli	devi svegliarti
lui / lei	si sveglia	deve svegliarsi
noi	ci svegliamo	dobbiamo svegliarci
voi	vi svegliate	dovete svegliarvi
loro	si svegliano	devono svegliarsi

＊ mi devo svegliare, ti devi svegliare ... という活用もあります。

　なお再帰代名詞の強勢形は，séで，しばしばstessoが伴ってさらに強められます。＊
　　例 Natalia si guarda allo specchio. → Natalia guarda **se stessa** allo specchio.
　　　　　　　　　　　　　　　　　　　ナタリアは自分自身を鏡で見ている。

＊ se stessoのときにはséのアクセントはなくてもよい。

Capitolo 5

Track 45-50

Nella città II 街で②

1. Prendere il taxi タクシーに乗る
2. Chiedere informazioni stradali 道を尋ねる

1 Prendere il taxi ······ タクシーに乗る   Track 45

Livello 1 タクシー乗り場のシーンです。まずはCDを聴いてみましょう。

Buongiorno, posso salire?
Sì, salga pure.

Alla fermata dei taxi.

Ho anche una valigia.
La metto nel bagagliaio.

Arisa indica i suoi bagagli.

Dove vuole andare?
All'Hotel Due Mori.

Il tassista chiede la destinazione del viaggio.

In Corso Garibaldi?
Sì, giusto. Corso Garibaldi 83.

Il tassista verifica l'indirizzo.

🔑 重要表現を覚えましょう。
キーフレーズ

◇ **Posso salire?**
  乗ってもいいですか？

● **Sì, salga pure.**
  はい，どうぞ乗ってください。

◇ **Ho anche una valigia.**
  スーツケースもあるのですが。

● **La metto nel bagagliaio.**
  それ（スーツケース）は私がトランクの中に入れます。

● **Dove vuole andare?**
  どこへ行きたいのですか？

◇ **Quanto ci vuole? / Quanto ci mette?**
  どのくらいかかりますか？

● **Una ventina / decina di minuti.**
  約20分／10分ぐらいです。

Capitolo 5 1 **Track 45**

Quanto ci vuole?
Una ventina di minuti.

Arisa chiede quanto dura il viaggio.

Eccoci arrivati.
Quanto viene?

Arisa chiede quanto costa.

Sono 26 euro e 60.

Ecco a Lei. Arrivederci.

Arisa paga.

◇ Quanto viene?
おいくらですか？

Nella città II 街で②

1 Prendere il taxi   Track 46

Livello 2 アリサになったつもりで言ってみましょう。

Sì, salga pure.

La metto nel bagagliaio.

Alla fermata dei taxi.

Arisa indica i suoi bagagli.

Dove vuole andare?

In Corso Garibaldi?

Il tassista chiede la destinazione del viaggio.

Il tassista verifica l'indirizzo.

応用表現
タクシーで役に立つ表現を覚えましょう。

Track 47

◇ Mi porti a questo indirizzo, per favore.
この住所までお願いします。

◇ Posso fumare?
たばこを吸ってもいいですか？

◇ Può aprire il finestrino? / Posso aprire il finestrino?
窓を開けていただけますか？／窓を開けてもいいですか？

◇ Può spegnere / accendere la radio / il riscaldamento / l'aria condizionata, per favore?
ラジオ／暖房／エアコンを切って／入れてください。

Capitolo 5 – 1 Track 46

— Una ventina di minuti.

Arisa chiede quanto dura il viaggio.

— Eccoci arrivati.

Arisa chiede quanto costa.

— Sono 26 euro e 60.

Arisa paga.

Nella città II 街で②

◇ Ho fretta.
急いでいます。

◇ Quanto ci vuole fino alla stazione?
駅までどのくらいかかりますか？

◇ Si fermi qui, per favore.
ここで停まってください。

● Allacci la cintura di sicurezza.
シートベルトを締めてください。

◇ Mi può fare una ricevuta?
領収書をください。

◇ Potrebbe chiamarmi un taxi, per favore?
タクシーを呼んでいただけますか？

◇ C'è il seggiolino per bambini?
チャイルドシートはありますか？

1

タクシーに乗る

(イラスト1) タクシー乗り場で。
アリサ　：　こんにちは。乗っていいですか？
運転手　：　はい，どうぞ乗ってください。

(イラスト2) アリサは荷物を指さします。
アリサ　：　スーツケースもあるんですが。
運転手　：　私がトランクに入れますよ。

(イラスト3) 運転手は目的地を尋ねます。
運転手　：　どちらまで？
アリサ　：　ホテル　ドゥエ・モーリまでです。

(イラスト4) 運転手は住所を確かめます。
運転手　：　ガリバルディ大通りのですか？
アリサ　：　はい，そのとおりです。ガリバルディ大通り83番地です。

(イラスト5) アリサは時間がどのくらいかかるか尋ねます。
アリサ　：　どのくらい時間がかかりますか？
運転手　：　20分ぐらいですね。

(イラスト6) アリサはいくらかかったか尋ねます。
運転手　：　はい，着きましたよ。
アリサ　：　おいくらですか？

(イラスト7) アリサは支払います。
運転手　：　26ユーロ60です。
アリサ　：　はいどうぞ。さようなら。

Info-Box 少し知ってお得なイタリア情報

　イタリアでは流しのタクシーを見つけることは難しく，駅や観光名所の前にあるタクシー乗り場から乗ったり，あらかじめタクシーを電話で呼んだりすることが一般的です。ローマなど起伏の多い町では，スーツケースを持っての移動はなかなか骨が折れるので，疲れていたらタクシーに乗ってホテルまで送ってもらうのがよいでしょう。ローマやミラノでは地下鉄もありますが，観光名所までは結局ずいぶん歩くこともあり，さらにバスの便が悪く，複雑なので，タクシーをうまく使いこなすことは旅の疲れを軽減させることにもなります。料金が心配であれば，乗る前に「駅までいくらかかりますか？」(Quanto costa fino alla stazione?) などと聞いてみてください。タクシーの運転手は，話好きの人が多いので，せっかくですからイタリア語会話の練習と思っていろいろ尋ねたり，会話してみたりしてはどうでしょうか。ちなみに，イタリアではチップの習慣がありませんから，本文のように26ユーロ60の場合，30ユーロを出すとおつりが来ますが，もちろん大変親切な運転手さんだったと感じた場合には，おつりを出されるときに「とっておいてください。」(Tenga pure!) と言っても構いません。

Nella città II 街で②

ボキャブラリー

il / la tassista　男/女 タクシー運転手
il bagagliaio　男 (車の) トランク
verificare　検査する，確認する
il corso　男 大通り，表通り
scendere　降りる

la fermata　女 停留所
la destinazione　女 目的地
l'indirizzo　男 住所
salire　乗る

2 Chiedere informazioni stradali …… 道を尋ねる　　**Track 48**

Livello 1　郵便局が見つからないので，人に尋ねることにしました。まずはCDを聴いてみましょう。

> Scusi, vorrei andare all'ufficio postale più vicino. Che strada devo fare?

> Vada sempre diritto e poi giri a destra alla seconda.

Arisa chiede come andare all'ufficio postale.

> Allora, prima vado diritto e poi giro a destra alla seconda laterale, giusto?

> Sì. La posta è sulla sinistra.

Arisa ripete e verifica le informazioni.

> E c'è qui vicino anche una banca?

> Sì, vicino agli uffici del comune.

Arisa chiede dov'è una banca.

> Posso arrivarci a piedi?

> Sì, non è molto lontano.

Arisa chiede se si può arrivarci a piedi.

重要表現を覚えましょう。
キーフレーズ

◇ **Vorrei andare all'ufficio postale più vicino.**
ここの一番近くの郵便局に行きたいのですが。

◇ **Che strada devo fare?**
どのように行けばよいでしょうか？

● **Vada sempre diritto e poi giri a destra.**
ずっとまっすぐ行って，その後右に曲がってください。

● **La posta è sulla sinistra.**
郵便局は（道の）左側にあります。

◇ **C'è qui vicino anche una banca?**
この近くに銀行もありますか？

Capitolo 5 2 Track 48

> Vada sempre diritto fino a una chiesa, poi giri a sinistra. Al semaforo poi giri a destra e poi subito a sinistra.

> Scusi, è troppo complicato. Può mostrarmi il percorso sulla cartina?

Il passante spiega come arrivare alla banca.

Arisa chiede se il passante le può mostrare la strada sulla cartina.

> Allora, noi siamo qui. Questo che vede invece qui è il comune. Lì vicino c'è una banca.

> Quanto ci si mette a piedi?

> Mah, circa un quarto d'ora.

> Grazie mille.

Il passante spiega il percorso sulla cartina.

Arisa chiede quanto ci vuole fino alla banca.

Nella città II 街で②

◇ Posso arrivarci a piedi?
徒歩でそこへ行けますか？

◇ Scusi, è troppo complicato.
すみません，複雑過ぎます。

◇ Quanto ci si mette a piedi?
徒歩でどのくらいかかりますか？

2 Chiedere informazioni stradali   Track 49

Livello 2 今度はアリサになって言ってみましょう。

(吹き出し空欄)

Vada sempre diritto e poi giri a destra alla seconda.

Arisa chiede come andare all'ufficio postale.

(吹き出し空欄)

Sì. La posta è sulla sinistra.

Arisa ripete e verifica le informazioni.

(吹き出し空欄)

Sì, vicino agli uffici del comune.

Arisa chiede dov'è una banca.

(吹き出し空欄)

Sì, non è molto lontano.

Arisa chiede se si può arrivarci a piedi.

道を尋ねる際に役に立つ表現を覚えましょう。

応用表現

Track 50

- È abbastanza lontano.
  かなり遠いです。

- Prenda l'autobus / la metro (politana) / il tram.
  バス／地下鉄／路面電車に乗ってください。

◇ Può scrivere il nome?
（場所の）名前を書いていただけますか？

◇ Può farmi un disegno per arrivare?
描いていただけますか？

◇ Può indicarmi il supermercato più vicino?
最寄りのスーパーはどこですか？

Capitolo 5 — 2 — Track 49

Vada sempre diritto fino a una chiesa, poi giri a sinistra. Al semaforo poi giri a destra e poi subito a sinistra.

Il passante spiega come arrivare alla banca.

Arisa chiede se il passante le può mostrare la strada sulla cartina.

Allora, noi siamo qui. Questo che vede invece qui è il comune. Lì vicino c'è una banca.

Il passante spiega il percorso sulla cartina.

Mah, circa un quarto d'ora.

Arisa chiede quanto ci vuole fino alla banca.

Nella città II 街で②

◇ Può ripetere?
もう一度言ってください。

● Non ho capito bene.
よく理解できませんでした。

◇ Attraversi la strada.
通りを渡ってください。

◇ Mi sono perso/(-a).
道に迷ってしまいました。

◇ È questa la strada giusta per arrivare alla stazione?
これは駅への道で合っていますか？

2　道を尋ねる

（イラスト1）　アリサは郵便局にどのように行けばいいのか尋ねます。
　　アリサ　：　すみません，一番近い郵便局に行きたいのですが，どの道で行けばよいでしょうか？
　　通行人　：　ずっとまっすぐに行って，2番目の角を右です。

（イラスト2）　アリサは聞いたことを繰り返して確認します。
　　アリサ　：　えっと，最初にまっすぐ行って，その後2番目の道を右ですね。合ってますか？
　　通行人　：　はい，郵便局は道の左側にあります。

（イラスト3）　アリサは銀行の場所も尋ねます。
　　アリサ　：　この近くに銀行もありますか？
　　通行人　：　はい，市役所の建物の近くです。

（イラスト4）　アリサはそこへ歩いて行ける距離かどうか尋ねます。
　　アリサ　：　そこへ歩いて行けますか？
　　通行人　：　はい，あまり遠くありません。

（イラスト5）　通行人は銀行までどのように行けるか説明します。
　　通行人　：　教会までずっとまっすぐに行ってください，それから左に曲がってください。信号の所で右に曲がり，その後すぐに左です。

（イラスト6）　アリサは通行人に，地図上で道を示してくれるよう頼みます。
　　アリサ　：　すみません。複雑過ぎます。地図の上で，どのように行くのか示していただけますか？

（イラスト7）　通行人は地図で行き方を示します。
　　通行人　：　えーと，私たちはここです。こっちに見えるのが市役所です。この近くに銀行があります。

（イラスト8）　アリサは銀行までどのくらいかかるか尋ねます。
　　アリサ　：　歩いてどのくらいかかりますか？
　　通行人　：　まあ，15分ぐらいですね。
　　アリサ　：　ありがとうございます。

Info-Box 少し知ってお得なイタリア情報

　イタリアで道に迷ったときに，人に道を尋ねるのはなかなかエキサイティングな体験です。何しろ，正確な答えがあんまり返ってこないことも多いのですから。特に，複数の人がしゃべっているときに尋ねると，その中でもああだ，こうだ，とそれぞれが説明を始めたり，お互いの見解が違ったり，大げさなジェスチャーをつけて「ここをこう曲がって！」と言われたり，なかなか結論が出ないことさえもあります。この背景には，車社会で，移動するときに車を主に使うこと，自分の住む街でも銀行や郵便局などには，決まった所にしか普段行かないこと，それぞれがお気に入りの道順があること，などいろいろな理由があります。また，道で出会う人がその街の人ではないことも多く，昼間に広場を歩いているのは実はほとんど外国人ばかりということもあります。

ボキャブラリー

laterale　横の
il comune　男　市役所
a piedi　徒歩で
il/la passante　男/女　通行人
il semaforo　男　信号
la destinazione　女　目的地
sulla sinistra　左側に
la seconda (strada)　2本目の通り
la prima (strada)　1本目の通り
a destra　右に
"siamo qui"　（現在地：私たちはここです）

vicino a …　〜の近く
la stazione　女　駅
lontano　遠い
la chiesa　女　教会
complicato　複雑な
diritto　まっすぐ
sulla destra　右側に
all'incrocio　交差点で
a sinistra　左に
la prossima (strada)　次の通り
il punto di partenza　男　出発点

イラスト辞書 Vocabolario illustrato

- la stazione 囡 駅
- l'ospedale 男 病院
- la fermata dei taxi 囡 タクシー乗り場
- la banca 囡 銀行
- il parcheggio 男 駐車場
- la fermata dell'autobus 囡 バス停
- la rotatoria / il rondò 囡男 ロータリー
- la scuola 囡 学校
- l'ufficio informazioni turistiche 男 観光案内所
- il semaforo 男 信号
- le strisce pedonali 複 横断歩道
- la pizzeria 囡 ピッツェリア
- l'incrocio 男 交差点
- il tabaccaio 男 タバコ屋
- la libreria 囡 本屋
- il bar 男 バール
- il grande magazzino 男 デパート
- la macelleria 囡 肉屋
- il ristorante 男 レストラン

il parco 男 公園　　il comune / il municipio 男
市役所，市庁舎

l'ufficio postale 男 /
la posta 女 郵便局

il cinema 男
映画館

la chiesa 女
教会

il gelataio 男
ジェラート屋

la piazza del mercato 女
市場

il museo 男
博物館・美術館

il panificio /
il panettiere 男
パン屋

il barbiere 男 床屋

il supermercato 男 スーパー

la profumeria 女
香水・化粧品店

il parrucchiere 男
美容院

il negozio di giocattoli /
il giocattolaio 男
おもちゃ屋

la cartoleria 女 文房具店

la pasticceria 女 菓子屋

Nella città II 街で②

125

文法

命令形

街に出ると，耳にすることが多いのが命令形です．不規則な活用に慣れていないと，言われたときに，思わず「えっ？」と聞き返してしまうことでしょう．後で取り上げる接続法とも混乱しやすいので一度まとめておきましょう．

命令形は，tu（きみ），Lei（あなた），noi（私たち），voi（君たち，あなた方）に対しての4つの形がありますが，後者の2つは直説法と同じなので，tu と Lei に対するものだけ覚えればよいでしょう．

	are動詞	ere動詞	ire動詞	ire動詞
	guardare	mettere	aprire	capire
tuに対して	guard**a**	mett**i**	apr**i**	capisc**i**
Leiに対して	guard**i**	mett**a**	apr**a**	capisc**a**

基本的には are 動詞で tu で -a，Lei で -i となり，その他の動詞では -i, -a と逆になると覚えておきましょう．

主要な不規則動詞は以下のようになります．

	andare	dare	fare	dire	venire
tuに対して	va'	da'	fa'	di'	vieni
Leiに対して	vada	dia	faccia	dica	venga

上の表の tu に対する命令形（venire 以外）では，後ろに補語人称代名詞，ne, ci がくるときには最初の子音が繰り返されます．

例 Dimmi la verità! 真実を言ってくれ！　　Dammi le chiavi! 鍵をちょうだい！

補語人称代名詞の非強勢形や再帰代名詞 (si) などが付くときには，Lei に対するときのみ前に置きます．

	portare + lo	aprire + la	alzar**si**
tuに対して	portalo!	aprila!	alzati!
Leiに対して	lo porti!	la apra!	si alzi!
noiに対して	portiamolo!	apriamola!	alziamoci!
voiに対して	portatelo!	apritela!	alzatevi!

Capitolo 6

Track 51-62

Al ristorante　レストランで

① **Ordinare**　注文する

② **Durante il pasto**　食事の途中で

③ **Colazione al bar**　バールで朝食

④ **In gelateria**　ジェラート屋で

1. Ordinare …… 注文する　　　　　　　　　Track 51

Livello 1 夜，友達のマウロとレストランへ行くことになりました。

- Buonasera.
- Buonasera, ecco a voi il menù. Cosa prendete da bere?

La cameriera porta il menù.

- Io vorrei un bicchiere di vino bianco.
- Anch'io. Allora prendiamo una bottiglia di vino bianco.

La cameriera prende l'ordinazione delle bevande.

- Ecco qui la lista dei vini.
- Prendo un Soave di Gambellara.
- Benissimo.

La cameriera porta la lista dei vini.

- Scusi, cosa ci consiglia oggi di primo?
- Oggi i frutti di mare sono molto freschi, le consiglierei il risotto ai frutti di mare.

Mauro e Arisa chiedono qual è il piatto del giorno.

重要表現を覚えましょう。
キーフレーズ

- Cosa prendete da bere?
  (あなた方は) 何をお飲みになりますか？
- Io vorrei un bicchiere di vino bianco.
  私は白のグラスワインが飲みたいです。
- Allora prendiamo una bottiglia di vino bianco.
  それでは白ワインをボトルで注文しましょう。
- Ecco qui la lista dei vini.
  こちらがワインリストです。
- Cosa ci consiglia oggi di primo?
  今日の第一皿のお勧め料理は何ですか？

Capitolo 6 **1** **Track 51**

> Allora, per me risotto ai frutti di mare come primo e di secondo cotoletta alla milanese con contorno di verdure miste.

L'ordinazione di Arisa.

> Io invece prendo antipasto misto, come primo lasagne al forno coi funghi e di secondo arrosto di maiale con patate al forno.

L'ordinazione di Mauro.

> Per cominciare gradite un aperitivo?

> Sì. Due prosecchi, per favore.

La cameriera consiglia un aperitivo.

> Allora, alla salute!

> Alla tua!

Arisa e Mauro brindano all'inizio del pasto.

Al ristorante レストランで

- Le consiglierei il risotto ai frutti di mare.
  海の幸のリゾットをお勧めします。

- Per cominciare gradite un aperitivo?
  まず最初に食前酒はいかがですか？

◇ (Alla) salute!
  乾杯！

1 Ordinare

Track 52

Livello 2 今度はアリサになって注文してみましょう。

Buonasera, ecco a voi il menù. Cosa prendete da bere?

Anch'io. Allora prendiamo una bottiglia di vino bianco.

La cameriera porta il menù.

La cameriera prende l'ordinazione delle bevande.

Ecco qui la lista dei vini.

Oggi i frutti di mare sono molto freschi, le consiglierei il risotto ai frutti di mare.

Benissimo.

La cameriera porta la lista dei vini.

Mauro e Arisa chiedono qual è il piatto del giorno.

注文の際に役に立つ表現を覚えましょう。
応用表現

Track53

● Prendete un aperitivo / un dolce / un caffè?
食前酒／デザート／コーヒーはいかがですか？

◇ Non prendo l'antipasto / il primo.
前菜／第一皿は注文しません。

◇ Porti anche una bottiglia di acqua minerale gassata (frizzante) / naturale da un litro.
１リットルのガス入り／ガスなしのミネラルウォーター１瓶も持ってきてください。

◇ Non ho ancora deciso. Può aspettare ancora un attimo?
まだ決まっていません。ちょっと待っていただけますか？

Capitolo 6 **1** **Track 52**

Io invece prendo antipasto misto, come primo lasagne al forno coi funghi e di secondo arrosto di maiale con patate al forno.

L'ordinazione di Arisa.

L'ordinazione di Mauro.

Per cominciare gradite un aperitivo?

Allora, alla salute!

La cameriera consiglia un aperitivo.

Arisa e Mauro brindano all'inizio del pasto.

◇ Qual è la specialità di questo ristorante / della zona?
このレストラン／土地の名物料理は何ですか？

◇ Che cosa ci / mi consiglia?
今日のお勧めは何ですか？

◇ Vorrei lo stesso di quel signore / quella signora.
（指さして）あのテーブルの人の料理と同じものをください。

◇ Scusi, ho cambiato idea. Prendo anche il primo.
すみません。考えが変わりました。やっぱり第一皿を注文します。

◇ Facciamo un brindisi!
乾杯しましょう！

◇ Salute! / A noi! / Cin cin!
乾杯！

Al ristorante レストランで

1 注文する

(イラスト1)　ウェイトレスがメニューを運んできます。
　　　　　アリサ　　　　：こんばんは。
　　　　　ウェイトレス　：こんばんは。こちらがメニューです。お飲み物は何にいたしましょうか？

(イラスト2)　ウェイトレスは飲み物の注文を取ります。
　　　　　アリサ　：白のグラスワインが欲しいんですが。
　　　　　マウロ　：僕も。それでは，白ワインのボトルを取りましょう。

(イラスト3)　ウェイトレスはワインリストを運んできます。
　　　　　ウェイトレス　：こちらがワインリストです。
　　　　　アリサ　　　　：ガンベラーラのソアヴェをお願いします。
　　　　　ウェイトレス　：かしこまりました。

(イラスト4)　マウロとアリサは今日のお勧めを尋ねます。
　　　　　アリサ　　　　：すみません。今日の第一皿のお勧め料理は何ですか？
　　　　　ウェイトレス　：今日はとても新鮮な海の幸があります。海の幸のリゾットをお勧めいたします。

(イラスト5)　アリサの注文。
　　　　　アリサ　：それでは，第一皿は海の幸のリゾット，第二皿はミラノ風カツレツと野菜の付け合わせをお願いします。

(イラスト6)　マウロの注文。
　　　　　マウロ　：僕はそれでは前菜盛り合わせと，第一皿はキノコのラザーニア，第二皿は豚肉のローストと焼きジャガイモの付け合わせで。

(イラスト7)　ウェイトレスは食前酒を勧めます。
　　　　　ウェイトレス　：まず最初に食前酒はいかがですか？
　　　　　アリサ　　　　：はい，プロセッコを2つお願いします。

(イラスト8)　アリサとマウロは食事の前に乾杯をします。
　　　　　マウロ　：それでは，乾杯！
　　　　　アリサ　：あなたにも！

Info-Box 少し知ってお得なイタリア情報

　　イタリア料理屋さんに行ったらいろいろな料理を食べてみたいと思ってはいても，いざ注文をするときには緊張してしまうのではないでしょうか？　せっかくですから，ゆっくりメニューを吟味して，お店の人にお勧めを尋ねながら注文してください。注文をせかされることはまずありません（客からせかすことはあるかもしれませんが）。レストラン（il ristorante）はゆっくり食事を楽しむ所。前菜（および食前酒）から，第一皿（パスタやリゾット，またはスープ類），第二皿（メインディッシュ：肉か魚と付け合わせの野菜など），ドルチェ　（デザートまたはフルーツかジェラート），コーヒー（または食後酒）と続きます。一度入ったら何時間もかかる覚悟で行きましょう。そんなに全部食べきれない！　という人は，前菜をなしにしたり，第一皿だけ，または第二皿だけ注文しても構いません。第一皿のパスタですが，パスタの形でいろいろな名前があります。分からなければ店の人にどんな形か聞いてみましょう。最初の注文では，飲み物から第二皿まで一人ずつ注文していきます。

ボキャブラリー

l'antipasto　男 前菜　　　　　　　　　　il primo (piatto)　男 第一皿
il secondo (piatto)　男 第二皿　　　　　　il contorno　男（野菜や豆の）付け合わせ
il dessert　男 デザート　　　　　　　　　il dolce　男 菓子
il pane　男 パン　　　　　　　　　　　　l'olio (d'oliva)　男（オリーブ）油
i grissini　複 グリッシーニ（細長い棒状の乾パン）
l'aperitivo　男 食前酒　　　　　　　　　il digestivo　男 食後酒
il bicchiere　男 グラス，コップ　　　　　la bottiglia　女 びん
il menù　男 メニュー　　　　　　　　　la bevanda　女 飲み物
il cameriere / la cameriera　男/女 ウェイター／ウェイトレス
l'ordinazione　女 注文　　　　　　　　la bevanda analcolica　女 ソフトドリンク

■第一皿 il primo (piatto)

la pasta　女 パスタ　　　　　　　　　　il risotto　男 リゾット
gli gnocchi　男 ニョッキ（じゃがいものパスタ）
le lasagne al forno　複 ラザーニャ（板状パスタにミートソースとホワイトソースを挟んで焼いたもの）
la zuppa (di verdura)　女（野菜の）スープ（スープと言ってもかなりどろどろしたもの）
la minestra　女 スープ（コンソメスープなど。中に米，豆，パスタが入っていることも）
il minestrone　男 ミネストローネ　（野菜や豆，肉などを煮込んだ具の多いスープ）

2 Durante il pasto …… 食事の途中で　　Track 54

Livello 1 いよいよ第一皿が運ばれ、食事が始まりました。まずはCDを聴いてみましょう。

Ecco a voi. Risotto ai frutti di mare per la signorina.

Grazie.

Buon appetito!

La cameriera porta i primi piatti.

Scusi, potrebbe portare ancora un po' di pane, per favore?

Certo.

Arisa chiede ancora pane.

Allora, tutto bene?

Sì, grazie, ottimo.

La cameriera porta i secondi piatti.

Prendete anche un dessert?

Sì, grazie. Che cosa avete?

Oggi c'è panna cotta e tiramisù. Oppure macedonia di frutta o gelato.

La cameriera prende l'ordinazione dei dolci.

重要表現を覚えましょう。
キーフレーズ

- ◇ **Buon appetito!**
  よいお食事を！／いただきます！

- ◇ **Scusi, potrebbe portare ancora un po' di pane, per favore?**
  すみません、もう少しパンを持ってきていただけますか？

- ● **Allora, tutto bene?**
  （ウェイターなどが食事中に客に何か不満がないか尋ねる）いかがですか？

- ◇ **Grazie, ottimo / molto buono!**
  ありがとうございます。最高です／とてもおいしいです。

- ● **Prendete anche un dessert?**
  デザートもご注文なさいますか？

- ◇ **Che cosa avete?**
  どんなものがありますか？

Arisa e Mauro ordinano i dessert.

"Per me una panna cotta."

"Anche per me. E un caffé macchiato."

La cameriera offre un limoncello come digestivo.

"Ecco a voi. Gradite un limoncello come digestivo? Lo offre la casa."

"Sì, grazie, volentieri."

Alla cassa.

"Va bene un conto unico o separato?"

"Unico, grazie."

Arisa ringrazia Mauro.

"Grazie per l'ottima cena!"

"Non c'è di che, è stato un piacere."

- Gradite un limoncello come digestivo?
  食後酒としてリモンチェッロはいかがですか？
- Va bene un conto unico o separato?
  会計は一緒でよろしいですか．別々になさいますか？
- ◇ Grazie per l'ottima cena!
  素晴らしい夕食をありがとうございます。
- Non c'è di che, è stato un piacere.
  どういたしまして。楽しかったです。

2. Durante il pasto   Track 55

Livello 2 今度はアリサになって会話してみましょう。

Ecco a voi. Risotto ai frutti di mare per la signorina.

Buon appetito!

La cameriera porta i primi piatti.

Certo.

Arisa chiede ancora pane.

Allora, tutto bene?

La cameriera porta i secondi piatti.

Prendete anche un dessert?

Oggi c'è panna cotta e tiramisù. Oppure macedonia di frutta o gelato.

La cameriera prende l'ordinazione dei dolci.

応用表現
レストランでの表現を覚えましょう。

Track 56

◇ Il conto per favore!
お勘定をお願いします。

◇ È stato molto buono / Era molto saporito / un po' salato / un po' troppo dolce.
とてもおいしかった／とても風味があった／少し塩辛かった／少し甘すぎたです。

◇ Dove posso pagare?
どこで支払うのですか？

◇ Scusi, non ho ordinato questo.
（勘定を指さして）これは注文していません。

Capitolo 6 — 2 — Track 55

Per me una panna cotta.

Arisa e Mauro ordinano i dessert.

Ecco a voi. Gradite un limoncello come digestivo? Lo offre la casa.

La cameriera offre un limoncello come digestivo.

Va bene un conto unico o separato?

Unico, grazie.

Alla cassa.

Non c'è di che, è stato un piacere.

Arisa ringrazia Mauro.

◇ Scusi, che cos'è questo?
　（勘定を指さして）この料金は何ですか？

◇ Offro io.
　私がおごります。

◇ Vorremmo i conti separati.
　別々に支払いたいのですが。

● Ecco il resto.
　こちらはおつりです。

Al ristorante　レストランで

2 食事の途中で

(イラスト1) ウェイトレスは第一皿を運んできます。
ウェイトレス ： どうぞ。お嬢さんに海の幸のリゾットです。
アリサ ： ありがとう。
ウェイトレス ： よいお食事を！

(イラスト2) アリサはパンをもっと持ってきてくれるように尋ねます。
アリサ ： すみません。パンをもう少し持ってきてもらえますか？
ウェイトレス ： かしこまりました。

(イラスト3) ウェイトレスは第二皿を運んできます。
ウェイトレス ： お味はいかがですか？
アリサ＆マウロ ： ええ，ありがとうございます。最高です！

(イラスト4) ウェイトレスはデザートの注文をとります。
ウェイトレス ： デザートも注文なさいますか？
アリサ ： はい，どうも，何がありますか？
ウェイトレス ： ティラミスとパンナ・コッタがあります。またはフルーツポンチかジェラートです。

(イラスト5) アリサとマウロはデザートを注文します。
マウロ ： 僕はパンナ・コッタをお願いします。
アリサ ： 私もお願いします。それからカッフェ・マッキアートをお願いします。

(イラスト6) ウェイトレスは食後酒としてリモンチェッロを勧めます。
ウェイトレス ： どうぞ。食後酒のリモンチェッロはどうですか？サービスです。
アリサ ： はい，喜んで。

(イラスト7) レジで
係員 ： 一緒にお会計でいいですか，別々になさいますか？
マウロ ： 一緒にしてください。

(イラスト8) アリサはマウロに感謝します。
アリサ ： 素晴らしい夕食をどうもありがとう！
マウロ ： どういたしまして。楽しかったです。

Info-Box 少し知ってお得なイタリア情報

　レストランやトラットリアなどでは，主食のパンやグリッシーニは付いていますので，足りなくなったらその都度追加できます（パンやグリッシーニを前菜の代わりにしてもよいでしょう）。

　デザートやエスプレッソコーヒー，食後酒などを楽しんだら，やっと会計です。そのままレジに行って支払ってもいいですが，割り勘などであらかじめ予算を知りたいときには，ウェイトレスに「勘定を持ってきてください」(il conto per favore!)と頼み，勘定をあらかじめ持ってきてもらうとよいでしょう。食後酒を勧められることもあります（サービスとして付いてくることも…）。食後酒は，グラッパ（la grappa：ぶどうのしぼりかすで作った蒸留酒）にするかリモンチェッロ（il limoncello：レモンの皮で作った蒸留酒）にするか悩むところですが，夏には冷凍庫でよく冷やしてあるリモンチェッロがよく合うでしょう（もちろん飲まなくてもいいので，飲み過ぎないように！）。

ボキャブラリー

la cassa　囡 レジ
il resto　男 お釣り

il conto　男 勘定書
il coperto　男 サービス料

■第二皿 il secondo (piatto)

la carne　囡 肉
il vitello　男 子牛
il maiale　男 豚肉
l'agnello　男 子羊肉
il tacchino　男 七面鳥

il pesce　男 魚
il manzo　男 牛肉
il pollo　男 鶏肉
il coniglio　男 うさぎ肉
la faraona　囡 ホロホロチョウ

l'arrosto　男 焼き肉
il roast beef　男 ローストビーフ
lo spezzatino　男 ぶつ切り肉の煮込み

la tagliata　囡 牛肩ロースなどの薄切り
la bistecca　囡 ステーキ
il vitello tonnato　男 子牛薄切りのツナソースがけ

3 Colazione al bar ······ バールで朝食　　Track 57

Livello 1　朝，外に朝食を取りに行くことにしました。まずはCDを聴いてみましょう。

Buongiorno, un cappuccino e una brioche, per favore.

Venga al banco e scelga.

Arisa va a fare colazione al bar vicino all'hotel.

Allora, prendo questa brioche alla crema e un cappuccino.

Sono tre euro e venti. Ecco lo scontrino.

Arisa va al banco.

Si siede al tavolino?

No, grazie, prendo il cappuccino qui al banco.

Benissimo.

Arisa fa colazione in piedi.

Scusi, dov'è lo zucchero?

Nelle bustine alla Sua sinistra.

Arisa chiede dello zucchero.

🔑 重要表現を覚えましょう。
キーフレーズ

- Venga al banco e scelga.
  カウンターに来てお選びください。
- Si siede al tavolino?
  テーブルに座られますか？
- ◇ No, grazie, prendo il cappuccino qui al banco.
  いいえ，カウンターでカプチーノをいただきます。
- ◇ Scusi, potrei avere un bicchiere d'acqua?
  すみません，水を一杯いただけますか？
- ◇ Scusi, posso avere un'altra pasta / un'altra brioche / un altro cornetto?
  すみません，もうひとつお菓子／ブリオッシュ／クロワッサンをいただいていいですか？

Capitolo 6 — 3 — Track 57

Scusi, potrei avere un bicchiere d'acqua?

Ecco a Lei.

Arisa chiede dell'acqua.

Scusi, posso avere un cornetto?

Certo, prima però faccia lo scontrino.

Arisa chiede un cornetto.

Scusi, dov'è il bagno?

In fondo a destra.

Arisa chiede dov'è il bagno.

Grazie, buona giornata!

A Lei!

Arisa esce dal bar.

Al ristorante レストランで

- **Certo, prima però faccia lo scontrino.**
  もちろんです。でも先にレシートを受け取ってください。

3 Colazione al bar

Track 58

Livello 2 今度はアリサになってバールで注文してみましょう。

Venga al banco e scelga.

Sono tre euro e venti. Ecco lo scontrino.

Arisa va a fare colazione al bar vicino all'hotel.

Arisa va al banco.

Si siede al tavolino?

Nelle bustine alla Sua sinistra.

Benissimo.

Arisa fa colazione in piedi.

Arisa chiede dello zucchero.

応用表現
バールで役に立つ表現を覚えましょう。

Track 59

◇ Un cornetto alla crema / al cioccolato / alla marmellata di fragole, per favore.
クリーム／チョコレート／いちごジャム入りのクロワッサンをください。

◇ Che tipo di paste ci sono?
どんな焼き菓子がありますか？

◇ Sono tutte alla crema? / È tutto alla crema?
全部クリーム入りですか？

◇ Vorrei un tè.
紅茶が欲しいんですが。

● Tè caldo o freddo?
温かい紅茶ですか，冷たいのですか？

Capitolo 6 — 3 — Track 58

— Ecco a Lei.

Arisa chiede dell'acqua.

— Certo, prima però faccia lo scontrino.

Arisa chiede un cornetto.

— In fondo a destra.

Arisa chiede dov'è il bagno.

— Grazie, buona giornata!

Arisa esce dal bar.

◇ Un caffè / Un macchiato / Un caffè lungo, per favore.
エスプレッソコーヒー／マッキアート（牛乳入りのエスプレッソ）／カフェルンゴ（水を多めにして抽出したエスプレッソ）をください。

◇ Mi scusi, mi sono macchiato/(-a) col caffè, potrebbe darmi qualcosa per pulirmi?
すみません。コーヒーをこぼしてしまいました。ナプキンをください。

◇ Scusi, avevo ordinato un succo d'arancia / un cappuccino / un tè freddo / un tè al limone ...
すみません。頼んだのはオレンジジュース／カプチーノ／アイスティー／レモンティーなんですが…

Al ristorante レストランで

3　バールで朝食

(イラスト1)　アリサはホテルの近くのバールへ朝食に行きます。
　　アリサ　：　おはようございます。カプチーノとブリオッシュをください。
　　店員　　：　おはようございます。カウンターに来て，選んでください。

(イラスト2)　アリサはカウンターへ行きます。
　　アリサ　：　それでは，このクリーム入りのブリオッシュとカプチーノをください。
　　店員　　：　3ユーロ20です。レシートをどうぞ。

(イラスト3)　アリサは立ったまま朝食を取ります。
　　店員　　：　お座りになりますか？
　　アリサ　：　いいえ，カウンターでカプチーノをいただきます。
　　店員　　：　かしこまりました。

(イラスト4)　アリサは砂糖を探します。
　　アリサ　：　すみません，砂糖はどこですか？
　　店員　　：　そこの左の紙包のやつです。

(イラスト5)　アリサは水を頼みます。
　　アリサ　：　すみません，水を一杯いただけますか？
　　店員　　：　はい，どうぞ。

(イラスト6)　アリサはもう一つパンを頼みます。
　　アリサ　：　すみません，クロワッサンを注文していいですか？
　　店員　　：　もちろんです。でも先にレシートを受け取ってください。

(イラスト7)　アリサはトイレはどこか尋ねます。
　　アリサ　：　すみません，トイレはどこですか？
　　店員　　：　奥を右です。

(イラスト8)　アリサはバールを出ます。
　　店員　　：　ありがとうございます。よい一日を！
　　アリサ　：　あなた方も！

Info-Box 少し知ってお得なイタリア情報

　イタリア生活の楽しみの一つに，バールでの朝食があります。パスタ（粉を練ったものの総称）と呼ばれる焼き菓子や，焼きたてのクロワッサンやブリオッシュ，クラッフェン，ビスケットなどがカウンターに並び，好きなものを注文してカプチーノとともにいただきます。イタリア人なら「あそこのパスタはおいしい」というバールをひとつは知っているものです。

　バールでは通常，まずレジで注文してレシートを受け取り，レシートをカウンターで見せながらバリスタ（コーヒーを実際に入れる人）に注文します。立ったままで飲むのもいいですが，席に座りたい場合には少しチャージがかかります（この場合には，後での支払いになることがあります）。また，旅行中，トイレが見つからない場合には，バールで一服しつつトイレを借りるのが便利です。

　ちなみに，イタリアでの朝食は甘い物（ビスケットなど）とカプチーノまたはカフェラッテ（大きめのカップに入っていて，ビスケットをひたしながら食べることも）です。ホテルやホームステイのときに知っておかないと，「これだけ!?」とびっくりするかもしれません。そのため，学校や仕事先でも午前10時ごろに一度おやつの時間を設けているところもあります。

ボキャブラリー

il bar　男 バール
il caffè　男 エスプレッソコーヒー
la brioche　女 ブリオッシュ
il banco　男 カウンター
la colazione　女 朝食
la bustina　女（粉砂糖などの）紙包

il cappuccino　男 カプチーノ
la pasta　女 パスタ，焼き菓子（粉を練ったもの）
lo scontrino　男 レシート
lo zucchero　男 砂糖
scegliere　選ぶ

■バールのメニュー

il tè al limone / alla pesca　男 レモン風味／ピーチ風味の紅茶
la coca-cola　女 コカ・コーラ
il cornetto　男 クロワッサン
il krapfen　男 ドイツ風の（クリーム入り）揚げパン
il succo / la spremuta d'arancia　男／女 オレンジジュース
l'aranciata　女 炭酸入りオレンジジュース
l'acqua minerale　女 ミネラルウォーター
la birra　女 ビール
il prosecco　男 プロセッコ
lo spritz　男 スプリッツ（カンパリなどをプロセッコなどで割った夏向きのカクテル）
la cioccolata calda (con panna)　女 ホットチョコレート（生クリーム入り）
i tramezzini　複 サンドイッチ（サンドイッチ用のパンに卵，ツナ，えびなどを挟んだもの）
i panini　複 パニーニ（パンの間にハム，チーズなどさまざまな具を挟んだもの）
la pizzetta　女 小さいピザ

イラスト辞書 Vocabolario illustrato

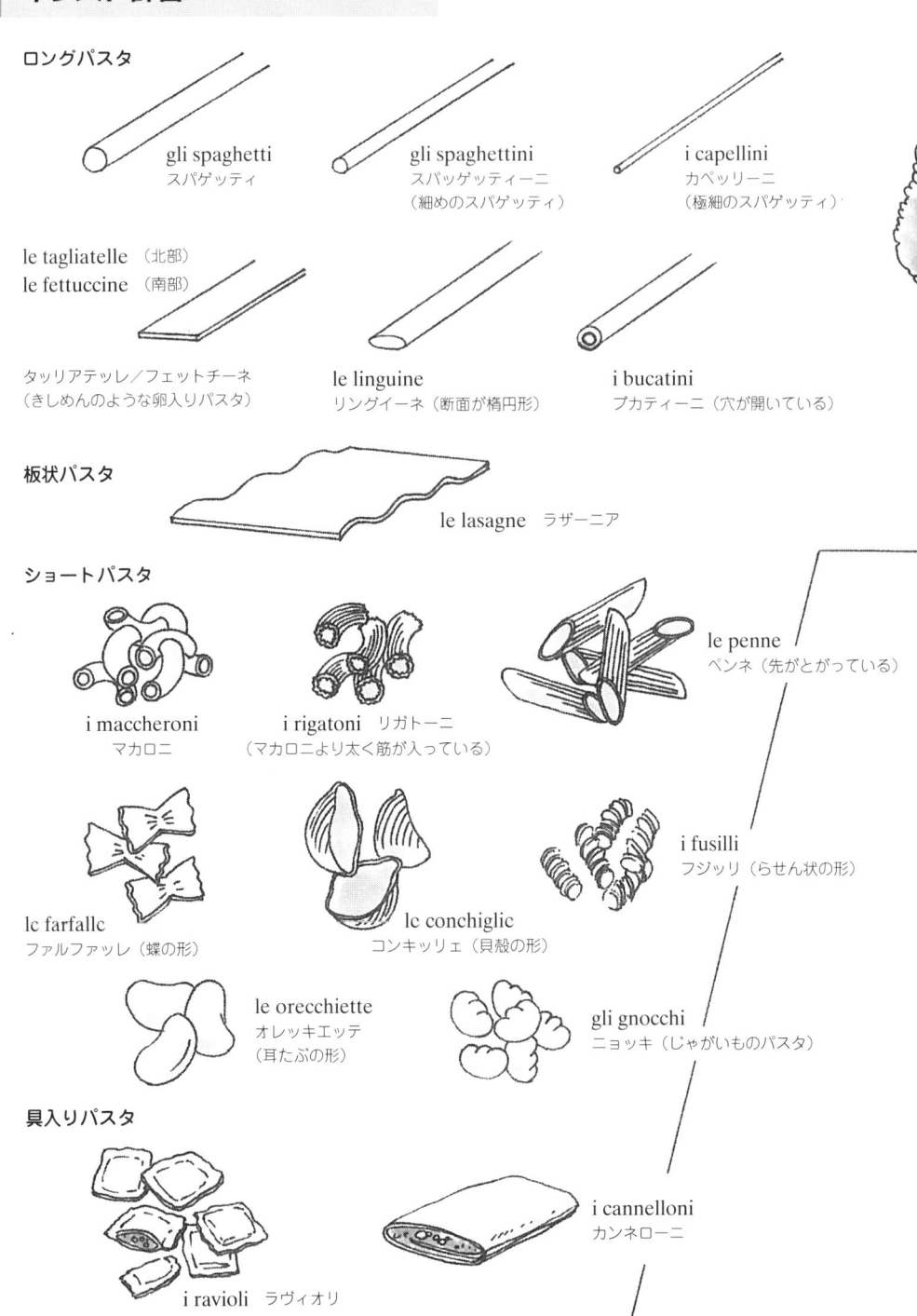

ロングパスタ

gli spaghetti
スパゲッティ

gli spaghettini
スパゲッティーニ（細めのスパゲッティ）

i capellini
カペッリーニ（極細のスパゲッティ）

le tagliatelle （北部）
le fettuccine （南部）
タッリアテッレ／フェットチーネ
（きしめんのような卵入りパスタ）

le linguine
リングイーネ（断面が楕円形）

i bucatini
ブカティーニ（穴が開いている）

板状パスタ

le lasagne　ラザーニア

ショートパスタ

i maccheroni
マカロニ

i rigatoni　リガトーニ
（マカロニより太く筋が入っている）

le penne
ペンネ（先がとがっている）

le farfalle
ファルファッレ（蝶の形）

le conchiglie
コンキッリェ（貝殻の形）

i fusilli
フジッリ（らせん状の形）

le orecchiette
オレッキエッテ（耳たぶの形）

gli gnocchi
ニョッキ（じゃがいものパスタ）

具入りパスタ

i ravioli　ラヴィオリ

i cannelloni
カンネローニ

la sedia 女 椅子

il coltello 男 ナイフ

il cucchiaio 男 スプーン

la forchetta 女 フォーク

i bastoncini 複 箸

il tovagliolo 男 ナプキン

le posate 複 食器

il cucchiaino 男 小さじ

la teiera 女 茶器

Al ristorante レストランで

gli stuzzicadenti 複 つまようじ

il sale 男 塩

il pepe 男 コショウ

il latte 男 牛乳

la tazza 女 カップ

lo zucchero 男 砂糖

la zuccheriera 女 砂糖入れ

il cestino del pane 男 パンかご

il piatto 男 皿

la caraffa 女 カラフェ

la tovaglia 女 テーブルクロス

147

4 In gelateria …… ジェラート屋で　　Track 60

Livello 1　イタリアといえばジェラート。まずはCDを聴いてみましょう。

> Buongiorno, vorrei un gelato.
>
> Cono o coppetta?

Arisa va dal gelataio.

> Un cono. Quanto costa?
>
> Una pallina, un euro. Due palline un euro e cinquanta.

Arisa chiede quanto costa.

> Allora, due palline, per favore.
>
> Benissimo.

Arisa ordina il gelato.

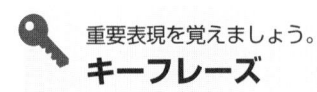

> Crema o frutta?
>
> Preferisco la frutta … Fragola e melone.

Arisa decide i gusti.

🔑 重要表現を覚えましょう。
キーフレーズ

- Cono o coppetta?
  コーンですかカップですか？
- ◇ Allora, una pallina / due palline, per favore.
  それでは、1玉／2玉お願いします。
- Crema o frutta?
  クリーム（味のジェラート）ですか、フルーツ（味のジェラート）ですか？
- ◇ Preferisco la frutta.
  フルーツの方がいいです。
- Vuole anche un cucchiaino?
  スプーンも要りますか？
- ◇ No, grazie, non serve. / Sì, grazie.
  いいえ、要りません。／はい、お願いします。

Il gelataio offre un cucchiaino.

Il gelataio offre la panna montata.

Arisa paga il gelato.

- Metto un po' di panna montata sopra?
  生クリームも少し上にかけますか？

◇ No, grazie, preferisco senza. / Sì, grazie, volentieri.
  いいえ，ない方がいいです。／はい，喜んで。

Al ristorante レストランで

4 In gelateria　　Track 61

Livello 2　今度はアリサになって，ジェラートを買ってみましょう。

Cono o coppetta?

Una pallina, un euro. Due palline un euro e cinquanta.

Arisa va dal gelataio.

Arisa chiede quanto costa.

Benissimo.

Crema o frutta?

Arisa ordina il gelato.

Arisa decide i gusti.

ジェラート屋で役に立つ表現を覚えましょう。
応用表現

Track 62

◇ Cos'è un frappé?
フラッペって何ですか？

● È una bevanda fatta frullando gelato e latte.
アイスに牛乳を入れてかき混ぜたドリンクです。

◇ Che gusti ci sono?
どんな味（のジェラート）がありますか？

◇ Che semifreddi avete?
どんなアイスケーキがありますか？

◇ Scusi, un altro gelato uguale.
すみません，もうひとつ同じジェラートをください。

Capitolo 6 4 Track 61

> Vuole anche un cucchiaino?

Il gelataio offre un cucchiaino.

> Metto un po' di panna montata sopra?

Il gelataio offre la panna montata.

> Allora, un euro e cinquanta.

Arisa paga il gelato.

- Vuole una cialda?
  ビスケットも要りますか？
- Vuole della panna sopra?
  生クリームも上にのせますか？
- Questi gelati sono artigianali.
  これらのジェラートは自家製です。
- Questo è un gusto nuovo.
  このジェラートは新作（新しい味）です。

Al ristorante レストランで

4 ジェラート屋で

(イラスト1) アリサはジェラート屋に行きます。
アリサ ： こんにちは。ジェラートください。
店員 ： コーンですか，カップですか？

(イラスト2) アリサはいくらか尋ねます。
アリサ ： コーンで。いくらですか？
店員 ： 1玉で1ユーロ，2玉で1.5ユーロです。

(イラスト3) アリサはジェラートを注文します。
アリサ ： それじゃ，2玉でお願いします。
店員 ： わかりました。

(イラスト4) アリサはどの味にするか決めます。
店員 ： クリームですか，フルーツですか？
アリサ ： フルーツの方がいいです…。いちごとメロンで。

(イラスト5) 店員はスプーンを差し出します。
店員 ： スプーンも要りますか？
アリサ ： いいえ，必要ありません。

(イラスト6) 店員は生クリームもどうかと尋ねます。
店員 ： 生クリームも上にのせますか？
　　　 ： いいえ，ない方がいいです。

(イラスト7) アリサは支払います。
店員 ： それじゃ，1.5ユーロです。
アリサ ： はい，どうぞ。ありがとうございます。

Info-Box 少し知ってお得なイタリア情報

　　イタリアに行ったらまずジェラート！！と思っている人も多いはず。街には実にたくさんのジェラート屋さんがあります。イタリア人ならこれまた自分のお気に入りのジェラート屋が一軒はあるはず。子供も大人も大好きで，みんな，自分のお気に入りの味を持っています。ジェラートはクリーム派とフルーツ派に分かれるようです。ジェラートは，コーンやカップでそのまま食べるほか，10玉，20玉と箱に詰めてもらって家で食べることも多いです。お友達の家に招待されたときなどには，夕飯などをごちそうになることが分かっていれば，「ジェラートを持っていくね」と言うと喜ばれることでしょう。ジェラートを使ったミルクシェイクや，セミフレッド（アイスケーキ），アイスコーヒー（バニラ味のジェラートにエスプレッソコーヒーをかけたもの）などもあります。暑い夏には色々試してみるとよいでしょう。かき氷ドリンクのグラニータ（la granita）もお勧めです。でも食べ過ぎはお腹が冷えるので注意！

ボキャブラリー

il gelataio	男 ジェラート屋さん	la gelateria	女 ジェラート屋
il cono	男（アイス用の三角）コーン	la pallina	女（アイスクリームの）玉
		la coppetta	女（アイス用の）カップ

il frappé　男 フラッペ（氷を入れて撹拌したもの，またはシェイク）
il semifreddo　男 セミフレッド（アイスで作ったケーキ）

Gusti di gelato　ジェラートの味

crema	クリーム味	vaniglia	バニラ	cioccolato	チョコレート
bacio	バーチョ・チョコレート	fondente	濃い味のチョコレート	nocciola	ナッツ
fior di latte	ミルククリーム	stracciatella	チョコチップ	caffè	コーヒー
pistacchio	ピスタチオ	malaga	干しブドウ入り	amarena	黒サクランボ
zuppa inglese	パウンドケーキ味	yogurt	ヨーグルト		

frutta	フルーツ味				
limone	レモン	fragola	いちご	melone	メロン
mela	リンゴ	arancia	オレンジ	kiwi	キウイ
yogurt ai frutti di bosco	森のフルーツのヨーグルト（いちご，ブルーベリー，ラズベリーなど）				
pesca	ピーチ	banana	バナナ	pompelmo	グレープフルーツ
anguria	スイカ	albicocca	杏	menta	ミント

Al ristorante レストランで

文法

条件法現在

条件法(現在)を使うと(もしできれば)「〜したいのですが」という具合に,意見や希望,要求を和らげて伝えることができます。

	essere	avere	volere	potere	dovere
io	sarei	avrei	vorrei	potrei	dovrei
tu	saresti	avresti	vorresti	potresti	dovresti
lui/lei	sarebbe	avrebbe	vorrebbe	potrebbe	dovrebbe
noi	saremmo	avremmo	vorremmo	potremmo	dovremmo
voi	sareste	avreste	vorreste	potreste	dovreste
loro	sarebbero	avrebbero	vorrebbero	potrebbero	dovrebbero

Vorrei prendere un caffè. コーヒーが飲みたいんですが。
Scusi, potrebbe portare ancora un po' di pane?
すみません,もう少しパンを持ってきてもらえますか?

推定や伝聞にもよく使われます。
Il clima dovrebbe cambiare nei prossimi giorni. 気候はここ何日かで変わるらしいよ。
Ai Campionati del Mondo di Calcio il Giappone potrebbe arrivare alla semifinale.
ワールドカップで日本は(運が良ければ)準決勝まで行けるかもしれない。

条件法過去

条件法過去は,過去の実現しなかった事柄や,今後実現の見込みが少ない事柄について用いられます。上の表の essere または avere の条件法現在＋過去分詞によって作ります。

Non **avrei** mai **immaginato** di incontrarti al cinema.
映画館で君に会うとは思ってもいなかったよ。

Sarei andato volentieri in Germania, ma non ho potuto prendere vacanze.
ドイツに喜んで行くところだったんだけれども,バカンスを取ることができなかったんだ。

Capitolo 7

Track 63-71

Fare la spesa 買い物をする

- 1. **Nel negozio di abbigliamento**　衣料品店で
- 2. **Nel negozio di pelletteria**　革製品の店で
- 3. **Al supermercato**　スーパーマーケットで

1 Nel negozio di abbigliamento …… 衣料品店で　Track 63

Livello 1　寒くなってきたので，アリサはセーターを買うことにしました。まずはCDを聴いてみましょう。

> Buongiorno, posso aiutarLa?

> Vorrei un maglione di lana.

Arisa vorrebbe comperare un maglione.

> È per Lei? Che taglia porta?

> Non conosco la taglia italiana ...

La commessa chiede la taglia.

> Secondo me dovrebbe andarLe bene una 44. Allora, Le mostro cosa abbiamo.

La commessa porta Arisa nella zona della maglieria.

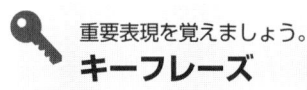

> Come Le sembra questo maglione bianco?

> Preferirei un altro colore, ad esempio marrone.

La commessa mostra ad Arisa un maglione.

🔑 重要表現を覚えましょう。
キーフレーズ

- Che taglia porta?
  サイズはいくつですか？
- ◇ Non conosco la taglia italiana.
  イタリアでのサイズは分かりません。
- Secondo me dovrebbe andarLe bene un 44.
  44号で大丈夫だと思うのですが。
- Come Le sembra questo maglione bianco?
  この白いセーターはどうでしょうか？
- ◇ Preferirei un altro colore.
  別の色の方がいいです。
- Mi sembra bello.
  きれいですね（よいと思います）。
- ◇ Posso provarlo?
  試着していいですか？

Capitolo 7 **1** Track 63

> Allora, marrone abbiamo questo. Come Le sembra?

> Uhm, mi sembra bello. Posso provarlo?

> Certo! Venga, L'accompagno, i camerini sono qui dietro.

La commessa accompagna Arisa ai camerini.

Arisa vuole provare il maglione.

> Come va?

> Mi sembra un po' troppo grande. Ha una taglia in meno?

> Bene, questo mi va bene. Lo prendo.

> Benissimo, L'accompagno alla cassa.

> Un attimo che guardo.

Arisa vuole una taglia in meno.

Arisa decide di comperare il maglione.

◇ Ha una taglia in meno?
　一つ小さいサイズはありますか？

Fare la spesa 買い物をする

1 Nel negozio di abbigliamento Track 64

Livello 2 今度はアリサになって話してみましょう。

Buongiorno, posso aiutarLa?

Arisa vorrebbe comperare un maglione.

È per Lei? Che taglia porta?

La commessa chiede la taglia.

Secondo me dovrebbe andarLe bene una 44. Allora, Le mostro cosa abbiamo.

La commessa porta Arisa nella zona della maglieria.

Come Le sembra questo maglione bianco?

La commessa mostra ad Arisa un maglione.

服を買う際に役に立つ表現を覚えましょう。

応用表現

Track 65

◇ Scusi, posso dare un'occhiata / guardare un po'?
（買うつもりはなくて）ちょっと見ていいですか？

◇ Scusi, può mostrarmi quel maglione in vetrina?
ショーウィンドーにあるセーターを見せていただけますか？

◇ C'è un maglione della mia misura?
私のサイズのセーターはありますか？

◇ Dov'è il camerino?
試着室はどこですか？

◇ Di cos'è fatto/(-a)?
素材は何ですか？

Capitolo 7 **1** **Track 64**

Allora, marrone abbiamo questo. Come Le sembra?

Certo! Venga, L'accompagno, i camerini sono qui dietro.

Arisa vuole provare il maglione.

La commessa accompagna Arisa ai camerini.

Come va?

Un attimo che guardo.

Benissimo, L'accompagno alla cassa.

Arisa vuole una taglia in meno.

Arisa decide di comperare il maglione.

◇ Questo maglione è troppo piccolo / troppo grande / troppo stretto / troppo largo / troppo corto / troppo lungo per me.
そのセーターは小さ過ぎ／大き過ぎ／きつ過ぎ／幅が広過ぎ／短過ぎ／長過ぎます。

◇ Avete altri colori?
他の色のセーターもありますか？

● Mi dispiace, non abbiamo più questa taglia / misura.
あいにくこのサイズはもうありません。

◇ Quando arrivano i vestiti invernali / estivi?
冬物／夏物の服はいつごろ入荷しますか？

◇ Mi dispiace, non lo prendo.
これは買わないことにします。

Fare la spesa 買い物をする

159

1 衣料品店で

(イラスト1) アリサはセーターを買うことにしました。
店員　：　いらっしゃいませ。どうなさいますか？
アリサ　：　羊毛のセーターが欲しいのですが。

(イラスト2) 店員はアリサのサイズを尋ねます。
店員　：　お客様用ですか？　サイズはいくつですか？
アリサ　：　イタリアでのサイズをよく知らないのですが…。

(イラスト3) 店員はセーター売り場の方へアリサを連れていきます。
係員　：　お客様にはたぶん44号でいいと思います。それではどんなものがあるかお見せしましょう。

(イラスト4) 店員はアリサにセーターを見せます。
係員　：　この白いセーターはいかがでしょうか？
アリサ　：　他の色の方がいいです，例えば茶色とか。

(イラスト5) アリサはセーターを試着したいです。
店員　：　それでは，茶色だったらこれがあります。どうでしょうか？
アリサ　：　うーん，いいですね。試着してもいいですか？

(イラスト6) 店員はアリサを試着室に案内します。
店員　：　もちろんです！　来てください。ご案内します。試着室はこの後ろです。

(イラスト7) アリサはひとつ小さいサイズの方がいいです。
店員　：　どうでしょうか？
アリサ　：　ちょっと大きすぎるようです。ひとつ小さいサイズはありますか？
店員　：　ちょっとお待ちください。見てきます。

(イラスト8) アリサはセーターを買うことにします。
アリサ　：　はい，これならいいです。これを買います。
店員　：　かしこまりました。レジにご案内します。

Info-Box 少し知ってお得なイタリア情報

　イタリア人も洋服は大好き！　町中にいろいろな洋服店があるほか，専門店や郊外の大型店まで，さまざまなデザインの店があふれています。セール（Saldi）の時期になると，服が飛ぶように売れ，スポーツをするにも，まずはカッコいいTシャツやユニフォームを揃えることから始めるところは，日本人と何か共通するようにも思われます。専門店や大型店では，仕立屋（la sartoria）が店内に設けられている場合があり，買う服の手直しを頼むことができることがあります。例えば，イタリアの服はサイズがぴったりでも，袖やズボンの丈，ボタンの位置が合わなかったりすることがあるので，こういった場合は店員さんにも相談してみるとよいでしょう。洋服店に限らず，イタリアの店では店員と話しながら決めることが重要！　店に足を踏み入れるとき，出るときには必ずあいさつをしてください。

ボキャブラリー

il vestito　男 服
il cappotto　男 コート
il panciotto　男 ベスト
la camicia　女 シャツ
la canottiera　女 袖なしシャツ
la gonna　女 スカート
l'abito　男 ワンピース
il reggiseno　男 ブラジャー
lo slip　男（股浅の浅い）パンツ，ブリーフ
il pigiama　男 パジャマ
la sciarpa　女 マフラー，ショール
la cravatta　女 ネクタイ
gli stivali　複 ブーツ，長靴
le scarpe da ginnastica　複 スニーカー

il completo　男 スーツ
la giacca　女 ジャケット
la maglietta　女 Tシャツ
la camicetta　女 半袖シャツ，ブラウス
la biancheria　女 肌着
i pantaloni　複 ズボン
le calze　複 靴下，ストッキング
le mutande　複 パンツ，パンティー
il boxer　男 トランクス，ボクサーパンツ
il cappello　男 帽子
i guanti　複 手袋
le scarpe　複 靴
i sandali　複 サンダル
le ciabatte / le pantofole　複 スリッパ

tinta unita　単色の
con le maniche lunghe　長袖の
grande　大きい
largo　幅の広い
lungo　長い

a strisce / a righe　ストライプの
con le maniche corte　半袖の
piccolo　小さい
stretto　きつい
corto　短い

2 Nel negozio di pelletteria ……革製品の店で　Track 66

Livello 1　アリサはカバンを新調しようと，革製品の店に行きます。まずはCDを聴いてみましょう。

Scusi, vorrei comperare una borsa in pelle.

Certo, prego.

Arisa vuole comperare una borsa.

Che tipo di borsa Le serve?

Vorrei una borsa da viaggio.

Il commesso chiede il tipo di borsa.

Le consiglio questa borsa, è un modello che va molto.

Quanto viene?

150 euro.

Arisa chiede i prezzi.

150 euro? È un po' troppo cara per me. Ne avete di meno costose?

Ad esempio questa borsa, costa solo 85 euro, ma è un po' più piccola.

Arisa vuole una borsa meno costosa.

🔑 重要表現を覚えましょう。
キーフレーズ

◇ Scusi, vorrei comperare una borsa in pelle.
すみません，革のカバンが欲しいのですが。

● Che tipo di borsa Le serve?
どんなカバンがご入り用ですか？

◇ Vorrei una borsa da viaggio.
旅行用のカバンが欲しいんですが。

◇ Le consiglio questa borsa, è un modello che va molto.
こちらのカバンをお勧めします。よく出ているモデルです。

◇ È un po' troppo cara per me. Ne avete di meno costose?
ちょっと私には高過ぎます。少し安いものはありますか？

◇ Avete anche altri colori?
他の色の（カバン）もありますか？

Capitolo 7 2 **Track 66**

Avete anche altri colori?

Sì, l'abbiamo anche blu e nera.

Allora prendo quella blu.

Grazie, mi segua alla cassa.

Arisa vorrebbe un altro colore.

Arisa decide di prendere la borsa blu.

Paga in contanti o con la carta di credito?

In contanti. Mi può rilasciare la fattura?

Certo.

Alla cassa.

◇ Mi può rilasciare la fattura?
領収書をいただけますか？

Fare la spesa 買い物をする

2 Nel negozio di pelletteria

Track 67

Livello 2 今度はアリサになってカバンを買ってみましょう。

Certo, prego.

Che tipo di borsa Le serve?

Arisa vuole comperare una borsa.

Il commesso chiede il tipo di borsa.

Le consiglio questa borsa, è un modello che va molto.

Ad esempio questa borsa, costa solo 85 euro, ma è un po' più piccola.

150 euro.

Arisa chiede i prezzi.

Arisa vuole una borsa meno costosa.

革製品の店で役に立つ表現を覚えましょう。

応用表現

Track 68

◇ Di che marca è?
どちらのメーカーのものですか？

◇ C'è qualche borsa che mi consiglia?
何かお勧めのカバンはありますか？

◇ Ci penso ancora un po'.
もう少し考えたいです。

◇ È un po' diversa da come pensavo.
ちょっと思っていたものと違います。

◇ Qui è un po' danneggiata, posso cambiarla?
ここに汚れ（傷など）があるので、取り換えられますか？

Capitolo 7 – 2 Track 67

Sì, l'abbiamo anche blu e nera.

Grazie, mi segua alla cassa.

Arisa vorrebbe un altro colore.

Arisa decide di prendere la borsa blu.

Paga in contanti o con la carta di credito?

Certo.

Alla cassa.

◇ Vorrei ordinarne una.
（カバンを1つ）注文していただけますか？

◇ C'è la garanzia?
保証は付いていますか？

◇ Può farmi un pacchetto da regalo?
プレゼント用に包んでいただけますか？

◇ Vorrei fare duty-free.
免税の手続きがしたいのですが。

Fare la spesa 買い物をする

2 革製品の店で

(イラスト1) アリサはカバンを買いたいです。
アリサ ： すみません，革のカバンが欲しいのですが。
店員　 ： はい，どうぞ。

(イラスト2) 店員はどんなカバンを探しているのかアリサに尋ねます。
店員　 ： どんなカバンをお探しですか？
アリサ ： 旅行用のカバンです。

(イラスト3) アリサは値段を尋ねます。
店員　 ： このカバンをお勧めいたします。よく出ているタイプです。
アリサ ： おいくらですか？
店員　 ： 150ユーロです。

(イラスト4) アリサはもう少し安いカバンがないか尋ねます。
アリサ ： 150ユーロ？　ちょっと高過ぎます。もう少し安いものはないですか？
店員　 ： 例えばこのカバンはいかがでしょう。たった85ユーロです。少し小さいですが。

(イラスト5) アリサは違う色がないか尋ねます。
アリサ ： 他の色もありますか？
店員　 ： はい，青と黒もあります。

(イラスト6) アリサは青のカバンを買うことにします。
アリサ ： それでは，この青のやつにします。
店員　 ： ありがとうございます。レジはこちらです。

(イラスト7) レジで。
店員　 ： 現金で支払われますか，カードですか？
アリサ ： 現金です。領収書をいただけますか？
店員　 ： かしこまりました。

Info-Box 少し知ってお得なイタリア情報

　少し大きめの店であれば，免税手続きは意外に簡単です。支払うときにパスポートを見せて，免税手続きをしたいと申し出てください。店の印を押した用紙を発行してくれます。免税手続きをして購入した品は未使用のまま日本に持って帰ることが必要ですので，開封しないでください。そのため服など現地にいるときにすでに着用するものは，免税になりません。免税手続きのためには，帰国時に空港にある免税カウンターに行き，これらの品物を見せる必要があります。そのため，免税手続きをする品物はスーツケースには入れず，別にまとめておきましょう。時期によってはカウンターが長蛇の列ということもよくあります。手続きをするときには時間に余裕をもって空港に到着するようにしてください。手続き後は国や空港によってもシステムが違いますが，空港内で税金分の現金を返してくれる場合と，買った店で現金を返してもらえる場合などがあります。いずれも手数料が少しずつかかります。

ボキャブラリー

il negozio 男 店
l'antiquariato 男 アンティークショップ
la libreria 女 本屋
la pasticceria 女 ケーキ屋
la cartoleria 女 文房具屋
il negozio di giocattoli 男 おもちゃ屋
gli articoli di marca 複 ブランド品

il negozio (di articoli) di souvenir 男 土産物屋
il negozio di fiori 男 花屋
la gioielleria 女 宝石屋
l'ottica 女 めがね屋
il negozio di calzature 男 靴屋
il grande magazzino 男 デパート

3 Al supermercato ······ スーパーマーケットで　Track 69

Livello 1　スーパーでの買い物のシーンです。まずはCDを聴いてみましょう。

Mi scusi, dove sono i biscotti?

Sono nella seconda corsia, vicino al caffè.

Arisa cerca dei biscotti.

Prego?

Vorrei due etti di prosciutto crudo e due di mortadella, per favore.

Al banco dei salumi.

Altro?

No, grazie, basta così.

Il commesso chiede se Arisa vuole qualcosa d'altro.

Ecco a Lei, paghi alla cassa.

Grazie.

Arisa riceve i salumi.

重要表現を覚えましょう。
キーフレーズ

◇ Mi scusi, dove sono i biscotti?
　すみません，ビスケットはどこですか？

● Sono nella seconda corsia, vicino al caffè.
　2番目の列で，コーヒーの近くです。

◇ Vorrei due etti di prosciutto crudo.
　生ハムを200グラムください。

● Altro?
　他にはありますか？

◇ No, grazie, basta così.
　いいえ，これで全部です。

● Paghi alla cassa.
　レジで支払ってください。

◇ Quanto costa il parmigiano al chilo?
　パルメザンチーズは1キロいくらですか？

Capitolo 7 — 3 — Track 69

— Quanto costa il parmigiano al chilo?
— 15 euro.

Al banco dei formaggi.

— Allora me ne dia tre etti.
— Tre etti e dieci grammi vanno bene?
— Sì.

Arisa ordina 300 grammi di parmigiano.

— Vuole un sacchetto?
— Sì, grazie.
— Allora sono 36 euro e 28 centesimi.

Alla cassa.

— Vorrei pagare con la carta di credito, posso?
— No, solo contanti o bancomat.

Arisa vuole pagare con la carta di credito.

◇ Allora me ne dia tre etti.
それでは私に（それの）300グラムください。

● Vuole un sacchetto?
レジ袋は要りますか？

Fare la spesa　買い物をする

3 Al supermercato

Track 70

Livello 2 今度はアリサになって買い物してみましょう。

Sono nella seconda corsia, vicino al caffè.

Prego?

Arisa cerca dei biscotti.

Al banco dei salumi.

Altro?

Ecco a Lei, paghi alla cassa.

Il commesso chiede se Arisa vuole qualcosa d'altro.

Arisa riceve i salumi.

スーパーで役に立つ表現を覚えましょう。
応用表現

Track 71

◇ Dov'è il caffè?
コーヒーはどこですか？

◇ Quel pesce / Quel pane / Quella mozzarella è fresca?
その魚／パン／モッツァレラチーズは新鮮ですか？

◇ Dove'è la bilancia?
秤はどこですか？

■ un chilo / due chili
1キロ／2キロ

■ un etto / due etti
100グラム／200グラム

■ un litro / due litri
1リットル／2リットル

Capitolo 7 — 3 — Track 70

15 euro.

Al banco dei formaggi.

Tre etti e dieci grammi vanno bene?

Arisa ordina 300 grammi di parmigiano.

Vuole un sacchetto?

Allora sono 36 euro e 28 centesimi.

Alla cassa.

No, solo contanti o bancomat.

Arisa vuole pagare con la carta di credito.

- una fetta / due fette
  1切れ（スライス）／2切れ
- un pezzo / due pezzi
  1個／2個
- una scatola / due scatole
  1箱／2箱
- una busta / due buste
  1袋／2袋
- una bottiglia / due bottiglie
  1瓶／2瓶
- un barattolo / due barattoli
  1缶／2缶
- un blocco / due blocchi
  1塊／2塊

Fare la spesa 買い物をする

3 スーパーマーケットで

イラスト1　アリサはビスケットを探しています。
　　　　　アリサ　：　すみません，ビスケットはどこですか？
　　　　　店員1　：　2番目の列で，コーヒーの近くです。

イラスト2　サラミのカウンターで。
　　　　　店員2　：　どうぞ。
　　　　　アリサ　：　生ハムを200グラムとモルタデッラを200グラムください。

イラスト3　店員はアリサが他のものも欲しいかどうか尋ねます。
　　　　　店員2　：　他には？
　　　　　アリサ　：　いいえ，これで全部です。

イラスト4　アリサはハムを受け取ります。
　　　　　店員2　：　はい，どうぞ。レジで支払ってください。
　　　　　アリサ　：　ありがとうございます。

イラスト5　チーズのカウンターで。
　　　　　アリサ　：　パルメザンチーズは1キロいくらですか？
　　　　　店員3　：　15ユーロです。

イラスト6　アリサはパルメザンチーズを300グラム注文します。
　　　　　アリサ　：　それでは300グラムください。
　　　　　店員3　：　300と10グラムですがいいですか？
　　　　　アリサ　：　いいです。

イラスト7　レジで。
　　　　　店員4　：　袋は要りますか？
　　　　　アリサ　：　はい，お願いします。
　　　　　店員4　：　それでは36ユーロ28セントになります。

イラスト8　アリサはクレジットカードで払おうとします。
　　　　　アリサ　：　クレジットカードで支払いたいのですが，できますか？
　　　　　店員4　：　いいえ，現金かバンコマートのみです。

Info-Box 少し知ってお得なイタリア情報

　ヨーロッパのスーパーでは，肉屋，チーズ屋，パン屋，魚屋などが中に独立して入っていて，量り売りをしている所が多くあります。それぞれのカウンターに並び，どれを何キロと注文していきます。混んでいるときにはそれぞれのカウンターで整理番号も配っているときがあるので気を付けましょう。野菜や果物も，箱に入れて陳列されていますが，ビニール袋に自分の好きな量だけ取り，秤に載せて該当する品物の番号を押すと，目方分の値段が書かれたシールが出てくるので，それをビニール袋に貼ってレジに持っていきます。レジでは，ベルトコンベアに自分で品物を載せていきますが，前の人のものと混じらないように仕切り用の棒を載せます。

　ところでイタリアでは，100グラムのことを示すエット（etto）という単位を量り売りのときによく用います。イタリア人の食生活に欠かせないパルメザンチーズ（北部ではグラーナ il grana）はブロックまたはキロ単位で買うことがよくあります。

ボキャブラリー

la frutta　囡 果物
la mela　囡 りんご
il mandarino　男 ミカン
la ciliegia　囡 サクランボ
la fragola　囡 いちご
la banana　囡 バナナ
la pera　囡 洋なし

l'arancia　囡 オレンジ
la pesca　囡 桃
il kiwi　男 キウイ
il melone　男 メロン
l'uva　囡 ぶどう
l'albicocca　囡 杏

la verdura　囡 野菜
la patata　囡 じゃがいも
la lattuga　囡 レタス
il pomodoro　男 トマト
il broccolo　男 ブロッコリー
il porro　男 長ネギ
i piselli　復 エンドウ豆
la carota　囡 にんじん
i carciofi　復 アーティチョーク
lo yogurt　男 ヨーグルト

il cavolo / la verza　男/囡 キャベツ
l'insalata　囡 サラダ菜
la melanzana　囡 なす
la cipolla　囡 玉ねぎ
i fagioli　復 （おもに白または赤い）インゲン豆
gli spinaci　復 ホウレンソウ
il finocchio　男 フェンネル
gli zucchini　復 ズッキーニ
i biscotti　復 ビスケット

イラスト辞書 Vocabolario illustrato　　Al supermercato スーパーで

- il banco latticini 男 乳製品売り場
- il banco surgelati 男 冷凍食品売り場
- il banco della carne 男 肉売り場
- la bilancia 女 秤
- frutta e verdura 果物と野菜
- l'etichetta 女 シール（ラベル）
- la farina 女 小麦粉
- le bibite 複 飲み物
- il sapone 男 石鹸
- la marmellata 女 ジャム
- gli scaffali 複 棚
- il carrello 男 カート

il banco dei formaggi 男
チーズ売り場

il banco dei salumi 男
サラミ売り場

la cassa 女 レジ

il sacchetto di plastica 男 レジ袋

gli alcoolici 複
アルコール類

la pasta 女
パスタ

i dolci 複 菓子

i sottoaceti 複
瓶詰

il detersivo 男
洗剤

Fare la spesa 買い物をする

文法

比較級

比較級には次の3種類があります。
① 優等比較級：「よりも…だ」　　　　：più + 形容詞 + di（またはche）*～
② 劣等比較級：「～ほど…ではない」：meno + 形容詞 + di（またはche）*～
③ 同等比較級：「～と同じほど…だ」：così + 形容詞 + come / tanto + 形容詞 + quanto ～**

* di は文の主語を他の名詞，代名詞と比べるときに，che はそれ以外の動詞の不定形や形容詞，副詞，前置詞句などの要素と比べるときに用います。
　Camilla è **più** alta **di** Alice.　カミッラはアリーチェより背が高い。
　Scrivere in italiano è **più** difficile **che** leggere.　イタリア語で書くことは読むことより難しい。
　In Italia del nord fa **più caldo** in luglio **che** in agosto.
　北イタリアでは8月よりも7月の方が暑い。

** 同等比較級のcosì, tantoは省略されることもあります。
　Anita è (così) simpatica come Roberta. / Anita è (tanto) simpatica quanto Roberta.　アニータはロベルタと同じくらい好感のもてる人です。

副詞でもほぼ同じように比較級を作ります。
Laura parla **più lentamente** di Francesca.
ラウラはフランチェスカよりゆっくりと話します。

最上級

最上級には次の2種類があります。
① 相対最上級：「～のうちでも最も…」：定冠詞（+ 名詞）+ più（またはmeno）+ 形容詞（+ di または fra）
② 絶対最上級：「とても…」　　　　　：形容詞 + -issimo***

Il monte più alto d'Italia è il Monte Bianco.　イタリアで一番高い山はモンブランです。
*** -menteで終わる副詞の場合は形容詞の絶対比較級(-issima) + menteとなります。
　例 lentissimamente

次の形容詞，副詞は特殊な変化をしますので，別に覚えておきましょう。

原級		比較級	絶対最上級
buono	良い	migliore	ottimo
cattivo	悪い	peggiore	pessimo
grande	大きい	maggiore	massimo
piccolo	小さい	minore	minimo
bene	良く, 立派に	meglio	ottimamente
male	悪く	peggio	pessimamente

Capitolo 8

Track 72-80

Incontrare altre persone
人と会う

- **1** Una visita 訪問
- **2** Parlare di sé 自分について話す
- **3** Parlare di altre nazioni e delle lingue straniere 他の国と外国語について話す

1 Una visita ······ 訪問　　　　　　　　　Track 72

Livello 1 友人マリアの家に招かれることになりました。まずはCDを聴いてみましょう。

> Buongiorno signora Aloisi, sono Arisa, l'amica giapponese di Maria.

> Ciao Arisa, benvenuta, entra pure!

> Ciao Arisa! Ti presento mio padre.

> Piacere, Arisa.

> Piacere mio.

La signora Aloisi apre la porta. 　　Maria presenta suo padre.

> Signora Aloisi, questi sono per Lei.

> Grazie, non dovevi!

> Posso avere la tua giacca?

> Grazie mille.

Arisa regala dei pasticcini.

Il signor Aloisi prende la giacca di Arisa.

🔑 重要表現を覚えましょう。
キーフレーズ

- **Benvenuta/(-o), entra / entri pure!**
  ようこそ！　どうぞ入って！／どうぞ入ってください！

- **Ti presento mio padre / mia madre.**
  私の父／母を紹介するね。

  ◇ **Piacere!**
  はじめまして！／よろしくお願いします。

◇ **Questi sono per Lei.**
(お土産を差し出しながら) これはあなたのために持ってきました。

- **Posso avere la tua giacca?**
(ゲストのコート，ジャケットなどを玄関口などにかけるときに) ジャケットをもらっていいですか？

- **Prego, siediti pure.**
どうぞ，座って。

- **Prendi qualcosa da bere?**
何か飲み物は要る？

Capitolo 8 **1** **Track 72**

> Arisa, prego, siediti pure.

> Grazie.

> Arisa, prendi qualcosa da bere? Un caffè o qualche bibita?

> Preferisco un caffè, grazie.

> Anche per me.

La signora Aloisi invita Arisa ad accomodarsi.

La signora Aloisi offre da bere ad Arisa.

> Arisa, allora, ti piace stare in Italia?

> Sì, molto, mi piace molto.

> Per quanto rimani in Italia?

> Questa volta, solo due settimane.

Il signor Aloisi avvia la conversazione.

La signora Aloisi chiede ad Arisa per quanto rimane in Italia.

- Ti piace stare in Italia? / Le piace stare in Italia?
  イタリアはどう？／イタリアはどうですか？（イタリア滞在は気に入っていますか？）

◇ Sì, molto, mi piace molto.
  はい、とても（好きです）。とても気に入っています。

- Per quanto rimani / rimane in Italia?
  どのくらいイタリアに滞在するの／するのですか？

◇ Questa volta, solo due settimane / una settimana / cinque giorni.
  今回は2週間／1週間／5日間だけです。

Incontrare altre persone 人と会う

1 Una visita

Track 73

Livello 2 今度はアリサになってマリアの家に行ってみましょう。

> Ciao Arisa, benvenuta, entra pure!

> Ciao Arisa! Ti presento mio padre.

> Piacere mio.

La signora Aloisi apre la porta.

Maria presenta suo padre.

> Grazie, non dovevi!

> Posso avere la tua giacca?

Arisa regala dei pasticcini.

Il signor Aloisi prende la giacca di Arisa.

家に招待されたときに役に立つ表現を覚えましょう。
応用表現

Track 74

◇ Posso andare un attimo in bagno?
トイレをお借りしてもよろしいですか？

◆ È molto tempo che non ci vediamo.
お久しぶりです。

◆ Come va? / Come sta? (Come stai?)
ご機嫌いかがですか？（親しい人に「元気？」）

◇ Posso aiutarLa?
何かお手伝いできますか？

◇ Oh, che buon profumo!
うーん，いい匂いがしていますね！

Capitolo 8 **1** Track 73

> Arisa, prego, siediti pure.

La signora Aloisi invita Arisa ad accomodarsi.

> Arisa, prendi qualcosa da bere? Un caffé o qualche bibita?

> Anche per me.

La signora Aloisi offre da bere ad Arisa.

> Arisa, allora, ti piace stare in Italia?

Il signor Aloisi avvia la conversazione.

> Per quanto rimani in Italia?

La signora Aloisi chiede ad Arisa per quanto rimane in Italia.

◇ **Mi può dare del tu.**
tuで話していただいて結構です。

◆ **Posso fumare?**
タバコを吸ってもいいですか？

◆ **Scusi, ma il fumo mi dà fastidio.**
すみません，タバコはがまんできません。

● **Per favore, vada a fumare fuori.**
タバコは外でお願いします。

Incontrare altre persone 人と会う

1 訪問

(イラスト1) アロイージ夫人はドアを開けます。
アリサ　　　　：こんにちは。アロイージさん，アリサです。マリアの日本人の友達です。
アロイージ夫人：こんにちは，アリサ。ようこそ，どうぞ入って！

(イラスト2) マリアは父親を紹介します。
マリア　　　　：こんにちは，アリサ。父を紹介するわね。
アリサ　　　　：はじめまして，アリサです。
アロイージ氏　：こちらこそよろしく。

(イラスト3) アリサはお菓子のお土産を差し出します。
アリサ　　　　：アロイージさん，これをどうぞ。
アロイージ夫人：ありがとう，そんなに気を使うことなかったのに！

(イラスト4) アロイージ氏はアリサのジャケットを受け取ります。
アロイージ氏　：ジャケットをもらっていいかな？
アリサ　　　　：ありがとうございます。

(イラスト5) アロイージ夫人はアリサに座るように言います。
アロイージ夫人：アリサ，どうぞ座ってください。
アリサ　　　　：ありがとうございます。

(イラスト6) アロイージ夫人はアリサに飲み物を勧めます。
アロイージ夫人：アリサ，何か飲みますか？　コーヒーかまたは何か飲み物は？
アリサ　　　　：コーヒーをお願いします。
マリア　　　　：私にも。

(イラスト7) アロイージ氏は会話を始めます。
アロイージ氏　：アリサ，イタリアは好きですか？
アリサ　　　　：はい，とても気に入っています。

(イラスト8) アロイージ夫人はアリサがどのくらいイタリアに滞在するのか尋ねます。
アロイージ夫人：どのくらいイタリアに滞在するの？
アリサ　　　　：今回は2週間だけです。

Info-Box 少し知ってお得なイタリア情報

　友達の家に招かれるときなどは，簡単な手土産を用意しましょう。日本から小さなプレゼントを持って行ってもよいですし，菓子屋（la pasticceria）で菓子の詰め合わせを買って持って行ったり，ジェラートの詰め合わせや，ワインなどを持って行ってもいいでしょう。高価な物は持って行かなくて構いません。たくさん興味深い話題を提供して，おしゃべりに参加することが，一番のお土産です。

　人の家に入るときには，玄関口のカーペット類で靴の裏をきれいにしてから入るのを忘れずに。特に天気の悪い日などはよく靴をふいてから入りましょう。また，扉を閉めるときには，バタンと大きな音をたてないように，閉まるまで手を離さずにきちんと閉めるように気をつけましょう。

ボキャブラリー

la famiglia 囡 家族
la sorella 囡 姉，妹
il nonno 男 祖父
i genitori 圏 両親
il padre 男 父
la zia 囡 おば
la figlia 囡 娘
il cugino 男 / la cugina 囡 いとこ
la moglie 囡 妻
il / la convivente 男 / 囡 同居人（入籍していない場合）
il fidanzato / la fidanzata 男 / 囡 婚約者（恋人，同居人も示す場合もある）

il fratello 男 兄，弟
i nonni 圏 祖父母
la nonna 囡 祖母
la madre 囡 母
lo zio 男 おじ
il figlio 男 息子
il / la nipote 男 / 囡 甥，姪，孫
il marito 男 夫
i coniugi 圏 夫婦（または marito e moglie）

2 Parlare di sé ...... 自分について話す

Track 75

Livello 1 マリアの両親との会話が続きます。まずはCDを聴いてみましょう。

> È la prima volta che vieni in Italia?

> No, sono già stata in Italia due anni fa, a Firenze.

Il signor Aloisi chiede ad Arisa se è in Italia per la prima volta.

> Sei stata a Firenze per turismo?

> No, sono stata a Firenze un mese per studio.

Arisa racconta del suo corso di lingua italiana a Firenze.

> Arisa, sei studentessa?

> Sì, io studio storia dell'arte italiana.

Il signor Aloisi chiede se Arisa è studentessa.

> Arisa, di dove sei?

> Sono di Kobe, la mia famiglia abita ancora lì.

Il signor Aloisi chiede da dove viene Arisa.

重要表現を覚えましょう。
キーフレーズ

- È la prima volta che vieni in Italia?
  イタリアは初めてなの？

- ◇ Sono già stata in Italia due anni fa.
  イタリアには2年前に一度来ました。

- Sei stata / (-o) a Firenze per turismo?
  フィレンツェには観光で来たの？

- ◇ Sono stata a Firenze un mese per studio.
  フィレンツェに1カ月勉強しに来ました。

- ◇ (Io) studio storia dell'arte italiana / economia / letteratura italiana.
  美術史／経済学／イタリア文学を（大学で）専攻しています。

- Di dove sei?
  出身はどこなの？

Capitolo 8 — 2 — Track 75

> Hai sorelle?

> No, ho solo un fratello più grande. Lavora in una ditta a Tokyo.

La signora Aloisi chiede se Arisa ha sorelle.

> Quanti anni ha tuo fratello?

> 26 anni.

Il signor Aloisi chiede quanti anni ha il fratello di Arisa.

> Che lavoro fanno i tuoi genitori, se non sono troppo indiscreto?

> Mio padre è impiegato e mia madre casalinga.

Il signor Aloisi chiede che lavoro fanno i genitori di Arisa.

> Arisa, che cosa ti piace fare nel tempo libero?

> Mi piace molto leggere e ascoltare musica.

La signora Aloisi chiede che cosa piace ad Arisa come hobby.

◇ Sono di Kobe.
神戸出身です。

● Hai sorelle? / Hai fratelli?
姉妹はいる？／兄弟はいる？

● Quanti anni ha tuo fratello?
あなたのお兄さんは何歳？

◇ (Ha) 26 anni.
（彼は）26歳です。

● Che lavoro fanno i tuoi genitori?
ご両親のお仕事は何？

● Che cosa ti piace fare nel tempo libero?
趣味は何？（時間があるとき何をするのが好き？）

Incontrare altre persone 人と会う

185

2 Parlare di sé   Track 76

Livello 2 今度はアリサになって会話してみましょう。

> È la prima volta che vieni in Italia?

Il signor Aloisi chiede ad Arisa se è in Italia per la prima volta.

> Sei stata a Firenze per turismo?

Arisa racconta del suo corso di lingua italiana a Firenze.

> Arisa, sei studentessa?

Il signor Aloisi chiede se Arisa è studentessa.

> Arisa, di dove sei?

Il signor Aloisi chiede da dove viene Arisa.

自分のことを言うのに役に立つ表現を覚えましょう。
応用表現

Track 77

◆ Lavora?
仕事をしていらっしゃいますか？

◆ Che lavoro fa?
何のお仕事をしていますか？

◆ È sposato/(-a)? / Sei sposato/(-a)?
結婚していますか？

◆ Sono sposato/(-a). / Sono celibe / nubile. / Abito con la mia fidanzata / con il mio fidanzato.
私は結婚しています。／独身です。／婚約者と一緒に住んでいます。

Capitolo 8 – 2 – Track 76

Hai sorelle?

La signora Aloisi chiede se Arisa ha sorelle.

Quanti anni ha tuo fratello?

Il signor Aloisi chiede quanti anni ha il fratello di Arisa.

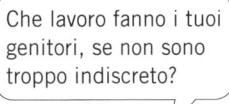

Che lavoro fanno i tuoi genitori, se non sono troppo indiscreto?

Il signor Aloisi chiede che lavoro fanno i genitori di Arisa.

Arisa, che cosa ti piace fare nel tempo libero?

La signora Aloisi chiede che cosa piace ad Arisa come hobby.

◆ Ha figli?
お子さんはいらっしゃいますか？

◆ Ho una figlia / un figlio / un fratello / una sorella.
娘／息子／兄（弟）／姉（妹）が一人います。

◆ Non ho figli.
子供はいません。

◆ Sono figlio unico / figlia unica.
一人息子／一人娘です。

◆ Questo è il mio biglietto da visita.
こちらが私の名刺です。

◆ Mi piace andare al cinema / fare sport / dipingere / fare viaggi / navigare in internet.
映画に行くこと／スポーツをすること／絵を描くこと／旅行すること／ネットサーフィンをすることが好きです。

◆ Mi sono laureato/(-a) in filosofia / psicologia / matematica.
哲学／心理学／数学を専攻して，大学を卒業しました。

Incontrare altre persone 人と出会う

2 自分について話す

イラスト1 アロイージ氏はアリサにイタリア滞在は初めてかどうか尋ねます。
アロイージ氏 ： イタリアへは初めて来たのかい？
アリサ ： いいえ，2年前にイタリアに一度来ました。フィレンツェです。

イラスト2 アリサはフィレンツェでの語学コースについて話します。
アロイージ氏 ： フィレンツェへは観光で？
アリサ ： いいえ，フィレンツェに1カ月勉強しに行きました。

イラスト3 アロイージ氏はアリサが学生かどうか尋ねます。
アロイージ氏 ： アリサ，君は学生なの？
アリサ ： はい，私はイタリア美術史を勉強しています。

イラスト4 アロイージ氏はアリサの出身を尋ねます。
アロイージ氏 ： アリサ，君の出身はどこ？
アリサ ： 神戸です。私の両親はそこにまだ住んでいます。

イラスト5 アロイージ夫人はアリサに姉妹はいるかどうか尋ねます。
アロイージ夫人 ： 姉妹は？
アリサ ： いません。兄がいます。東京の会社で働いています。

イラスト6 アロイージ氏はアリサの兄は何歳か尋ねます。
アロイージ氏 ： お兄さんは何歳だね？
アリサ ： 26歳です。

イラスト7 アロイージ氏はアリサの両親がどんな仕事をしているのか尋ねます。
アロイージ氏 ： もし失礼でなければ，ご両親のお仕事は何か教えてくれるかな？
アリサ ： 父は会社員で母は主婦です。

イラスト8 アロイージ夫人はアリサの趣味は何か尋ねます。
アロイージ夫人 ： アリサ，暇な時間はどんなことをして過ごすの？
アリサ ： 読書や音楽鑑賞をするのがとても好きです。

Info-Box 少し知ってお得なイタリア情報

　アリサとアロイージ氏との会話のように，自分の娘の友達であれば，相手はすぐにtuで話しかけてくることでしょう。こちらから，友達の両親に呼び掛けるときには，アロイージさん（Signora / Signor Aloisi）または，お母様（signora）と敬語を使って呼びかけてよいですし，自己紹介のときにすでに「やあ，こんにちは。私はマリオだよ」（Piacere, sono Mario.）などとフレンドリーに下の名前を告げてきたら，会話の雰囲気や相手の様子をみてSignor Mario（マリオさん），またはマリオと呼びかけながら，Leiで話し続けるなど，状況を見て判断しましょう。もしも相手が「tuでいいですよ」（Mi puoi dare del tu.）と提案してきたらtuに切り替えても構いません。

　ところで，母親が主婦で家の子供の世話をするという典型的な家族像が最近ではずいぶん変化しつつあります。現在では夫婦ともに就労している場合も多く，就職難や失業で35歳を過ぎても自立した生活が難しく，結婚せずに両親と一緒に生活する子の割合も増えつつあり社会問題になっているほか，少子化も進んでいます。また，他のヨーロッパ諸国同様に結婚はせずに恋人や婚約者と一緒に生活（convivere）を始めるスタイルも若者の間では定着しつつあります。

ボキャブラリー

il cognome　男 苗字
la data di nascita　女 生年月日
il paese d'origine　男 出身地
il numero di telefono　男 電話番号
l'hobby　男 趣味
sposato / sposata　男 / 女 結婚している
divorziato / divorziata　男 / 女 離婚している
vedovo / vedova　男 / 女 妻・夫を失った

il nome　男 名前
la cittadinanza　女 国籍
l'età　女 年齢
l'occupazione　女 職業
i parenti　複 親類
celibe / nubile　男 / 女 独身の

giurisprudenza　法学
lettere　文学
linguistica　言語学
sociologia　社会学
politologia / scenze politiche　政治学
letteratura italiana / inglese / giapponese　イタリア／英／日本文学
storia dell'arte　美術史
storia　歴史
fisica　物理学
medicina　医学
matematica　数学
architettura　建築学

filosofia　哲学
economia　経済・経営学
psicologia　心理学
relazioni internazionali　国際関係論
informatica　情報学
musicologia　音楽学
chimica　化学
biologia　生物学
ingegneria　工学
veterinaria　獣医学

Incontrare altre persone 人と会う

3 Parlare di altre nazioni e delle lingue straniere …… 他の国と外国語について話す　Track 78

Livello 1 イタリアでは外国や外国語についてよく聞かれます。まずはCDを聴いてみましょう。

Sei già stata in altre nazioni in Europa?

Sì, sono stata in Inghilterra, a Londra e mi è piaciuta molto.

Il signor Aloisi chiede se Arisa è già stata in altre nazioni europee.

Sai parlare inglese?

Sì, più o meno. In realtà non mi piaceva molto l'inglese quando ero a scuola.

La signora Aloisi chiede ad Arisa se sa anche l'inglese.

Sai parlare anche il cinese?

Purtroppo no. Il giapponese usa i caratteri cinesi, ma la lettura dei caratteri è molto diversa.

Il signor Aloisi chiede ad Arisa se sa anche il cinese.

Interessante! Quanti caratteri cinesi ci sono in giapponese?

Circa 5000. Inoltre ci sono due serie di caratteri alfabetici giapponesi.

Mamma mia!

La signora Aloisi è interessata al discorso di Arisa.

🔑 重要表現を覚えましょう。
キーフレーズ

- Sei già stata/(-o) in altre nazioni in Europa?
  ヨーロッパの他の国には行ったことがあるの？

◇ Sì, sono stata/(-o) a Londra e mi è piaciuta molto.
  はい、ロンドンに行きました。とても気に入りました。

- Sai parlare in inglese?
  英語で話すことができるの？

◇ Sì, più o meno.
  はい、なんとか（まあまあ話すことができます）。

◇ Non mi piaceva molto l'inglese quando ero a scuola.
  英語は学校で習っていた時あんまり好きではなかったんです。

Capitolo 8 — 3 — Track 78

Il giapponese sembra molto difficile.

In effetti leggere è difficile, ma la pronuncia è molto simile all'italiano.

Ah, per questo parli così bene l'italiano!

Arisa continua.

Per noi italiani lo spagnolo e il francese sono abbastanza facili perché sono simili all'italiano.

Anche l'inglese e il tedesco hanno spesso vocaboli simili all'italiano!

Il signor Aloisi aggiunge delle informazioni.

Ma quanto grande è il Giappone?

La superficie è 377000 chilometri quadrati. Quindi un po' più grande della Germania.

Il signor Aloisi cambia discorso.

Accidenti! Così grande? Non lo sapevo. E la popolazione?

127 milioni, il doppio dell'Italia.

Addirittura!

Il signor Aloisi si meraviglia.

- Sai parlare anche il cinese?
  中国語もできるの？
- ◇ Purtroppo no.
  残念ながらできません。
- ■ Mamma mia! / Perbacco!
  （驚き，不審，疑問）おや，まあ！
- ■ Accidenti! / Addirittura!
  （驚き）なんと！／なんと（そこまで）！

- Il giapponese sembra molto difficile.
  日本語はとても難しそうね。
- Per questo parli così bene l'italiano!
  だからあなたはこんなにイタリア語が上手なのね！
- ◇ Il Giappone è un po' più grande della Germania.
  日本はドイツより少し大きいです。
- ◇ La popolazione del Giappone è il doppio dell'Italia.
  日本の人口はイタリアの2倍です。

Incontrare altre persone 人と会う

3 Parlare di altre nazioni e delle lingue straniere Track 79

Livello 2 今度はアリサになって，日本のことについて話してみましょう。

Sei già stata in altre nazioni in Europa?

Il signor Aloisi chiede se Arisa è già stata in altre nazioni europee.

Sai parlare inglese?

La signora Aloisi chiede ad Arisa se sa anche l'inglese.

Sai parlare anche il cinese?

Il signor Aloisi chiede ad Arisa se sa anche il cinese.

Interessante! Quanti caratteri cinesi ci sono in giapponese?

Mamma mia!

La signora Aloisi è interessata al discorso di Arisa.

ことばについての表現を覚えましょう。
応用表現

Track 80

◇ So leggere il cinese ma non lo so parlare.
中国語は読めますが話せません。

◇ Ho studiato il francese solo un anno all'università.
フランス語は大学で1年間だけ勉強しました。

◇ Ho studiato l'inglese alle scuole medie e superiori, un po' anche all'università, ma non lo so parlare bene.
英語は中学校と高校と，大学でも少し勉強しましたが，うまく話せません。

Capitolo 8 - 3 - Track 79

Il giapponese sembra molto difficile.

Ah, per questo parli così bene l'italiano!

Arisa continua.

Per noi italiani lo spagnolo e il francese sono abbastanza facili perché sono simili all'italiano.

Anche l'inglese e il tedesco hanno spesso vocaboli simili all'italiano!

Il signor Aloisi aggiunge delle informazioni.

Ma quanto grande è il Giappone?

Il signor Aloisi cambia discorso.

Accidenti! Così grande? Non lo sapevo. E la popolazione?

Addirittura!

Il signor Aloisi si meraviglia.

◇ Mi piacerebbe imparare anche il francese.
フランス語も習ってみたいです。

◇ La grammatica italiana è difficile per me. / La pronuncia dell'italiano è facile per me.
イタリア語は文法が難しいです／イタリア語は発音が易しいです。

◇ Mi piace il suono dell'italiano.
イタリア語の響きが好きです。

◇ Il Giappone è il decimo paese al mondo per numero di popolazione.
日本の人口は世界で10番目に多いです。

◇ In Europa solo cinque nazioni sono più grandi del Giappone.
ヨーロッパで日本より大きな国は5つだけしかありません。

● L'italiano e lo spagnolo sono molto simili.
イタリア語とスペイン語はよく似ています。

Incontrare altre persone 人と会う

3 他の国と外国語について話す

(イラスト1) アロイージ氏はアリサにヨーロッパの他の国に行ったことがあるかどうか尋ねます。
アロイージ氏　：　ヨーロッパの他の国には行ったことがあるのかい？
アリサ　　　　：　イギリスに，ロンドンに行ったことがあります。とても気に入りました。

(イラスト2) アロイージ夫人はアリサに英語も話せるのかどうか尋ねます。
アロイージ夫人　：　英語も話せるの？
アリサ　　　　　：　はい，なんとか。でも実は学校で習っていたときはあんまり好きではなかったんです。

(イラスト3) アロイージ氏はアリサに中国語もできるのか尋ねます。
アロイージ氏　：　中国語もできるの？
アリサ　　　　：　残念ながらできません。日本語は漢字（中国語の文字）も使うんですが，読み方がまったく違うので。

(イラスト4) アロイージ夫人はアリサの答えに興味を持ちます。
アロイージ夫人　：　面白いわ！　日本語には漢字がいくつあるの？
アリサ　　　　　：　約5000です。その上，日本語のアルファベットが2種類あります。
アロイージ夫人　：　まあ！

(イラスト5) アリサは続けます。
アロイージ夫人　：　日本語はとても難しそうね。
アリサ　　　　　：　そうですね，読むのは難しいですが，発音はイタリア語によく似ています。
アロイージ夫人　：　ああ，だからこんなにイタリア語が上手なのね！

(イラスト6) アロイージ氏は情報を付け加えます。
アロイージ氏　：　私たちイタリア人にとっては，スペイン語とフランス語はイタリア語に似ているので結構簡単なんだよ。
マリア　　　　：　英語やドイツ語にもイタリア語に似たような語彙が多いわ！

(イラスト7) アロイージ氏は話題を変えます。
アロイージ氏　：　ところで日本はどのくらい大きいの？
アリサ　　　　：　面積は37万7000キロ平方メートルです。つまり，ドイツより少し大きいぐらいです。

(イラスト8) アロイージ氏は驚きます。
アロイージ氏　：　ええっ！　そんなに大きいの？　知らなかったよ。では人口は？
アリサ　　　　：　1億2700万人です。イタリアの2倍です。
アロイージ氏　：　なんとまあ！

Info-Box 少し知ってお得なイタリア情報

　少し前の世代までは，イタリアの学校では外国語はフランス語が主流でした。英語を習う人が少なかったため，ちょっと前までは「イタリアに行くと英語が通じない！」と嘆く観光客が多かったものですが，最近では変わりつつあります。EU諸国ではどこでも，「2言語＋1」（2つの外国語と母語）の政策が取られるようになり，イタリアでも小学校から英語教育が導入されました。中学校ぐらいから，フランス語またはスペイン語などの第二外国語も習い始めます。とはいえ，英語にコンプレックスがあるのは日本人と共通しているようで，外国語についてはよく話題に上ります。日本語や日本についての知識はあまり一般的ではないので，イタリア人の家庭に行けば，興味津々にいろいろ質問してくることでしょう。簡単な面積，人口，失業率などの数字を頭に入れておくとよいでしょう。ちなみにヨーロッパで面積が日本より大きいのは，5ヵ国だけ（フランス，スペイン，スウェーデン，ロシア，ウクライナ）です。

ボキャブラリー

国名・〜語（〜の）・〜人

	国名	〜人（男）／（女）＊
イタリア	Italia	italiano/(-a)
ドイツ	Germania	tedesco/(-a)
オーストリア	Austria	austriaco/(-a)
スイス	Svizzera	svizzero/(-a)
スペイン	Spagna	spagnolo/(-a)
ギリシャ	Grecia	greco/(-a)
ルーマニア	Romania	rumeno/(-a)
ロシア	Russia	russo/(-a)
韓国	Corea	coreano/(-a)
アメリカ	Stati Uniti d'America / America	americano/(-a)
オーストラリア	Australia	australiano/(-a)

-ese で終わるものは男性・女性形とも共通

フランス	Francia	francese
イギリス	Inghilterra	inglese
デンマーク	Danimarca	danese
ハンガリー	Ungheria	ungherese
オランダ	Olanda	olandese
日本	Giappone	giapponese
中国	Cina	cinese
スウェーデン	Svezia	svedese

＊「〜語」は男性の定冠詞をつけて表わします。例 l'itliano, il francese, lo spagnolo

イラスト辞書 Vocabolario illustrato

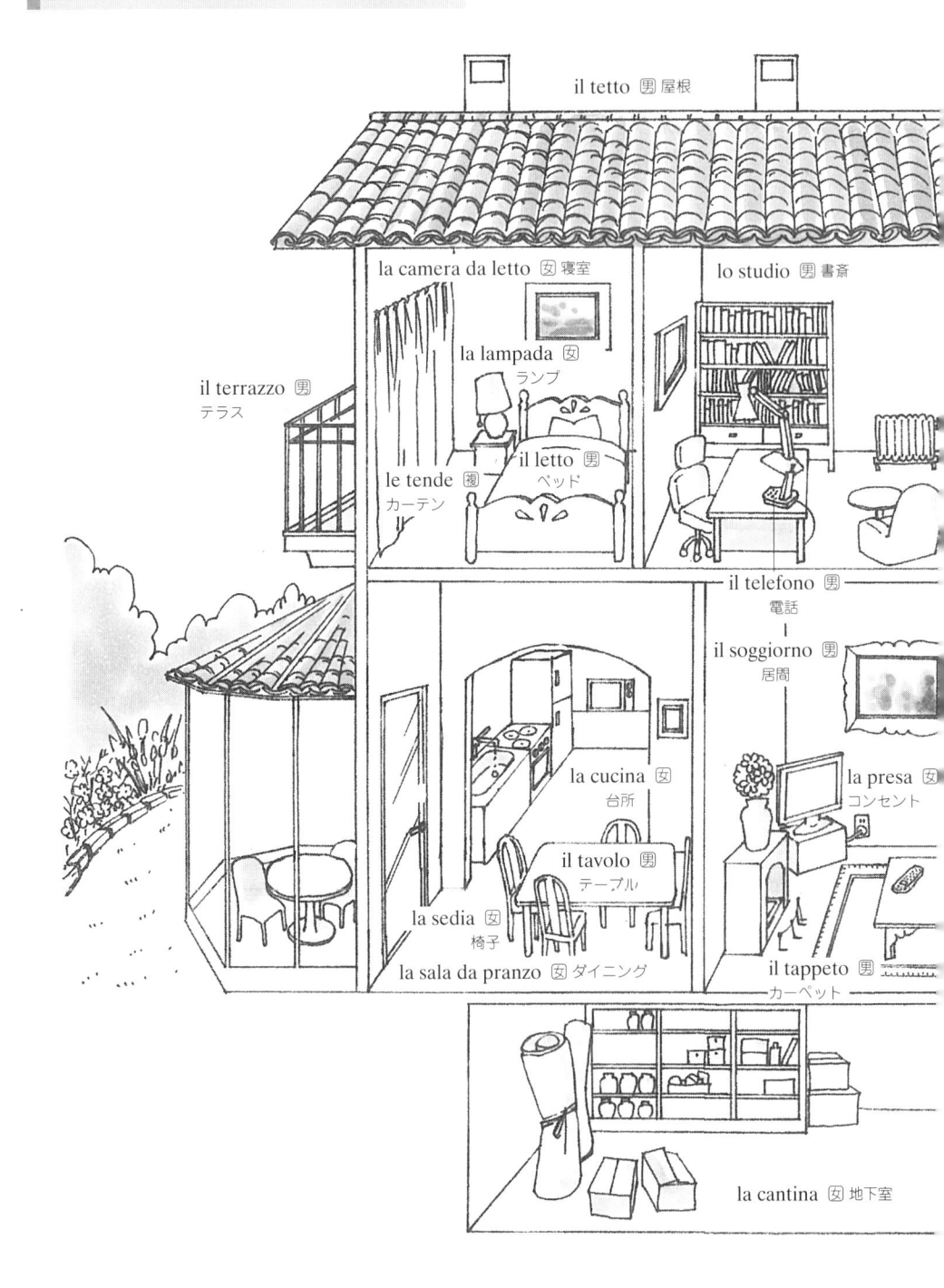

- il tetto 男 屋根
- la camera da letto 女 寝室
- lo studio 男 書斎
- la lampada 女 ランプ
- il terrazzo 男 テラス
- il letto 男 ベッド
- le tende 複 カーテン
- il telefono 男 電話
- il soggiorno 男 居間
- la cucina 女 台所
- la presa 女 コンセント
- il tavolo 男 テーブル
- la sedia 女 椅子
- la sala da pranzo 女 ダイニング
- il tappeto 男 カーペット
- la cantina 女 地下室

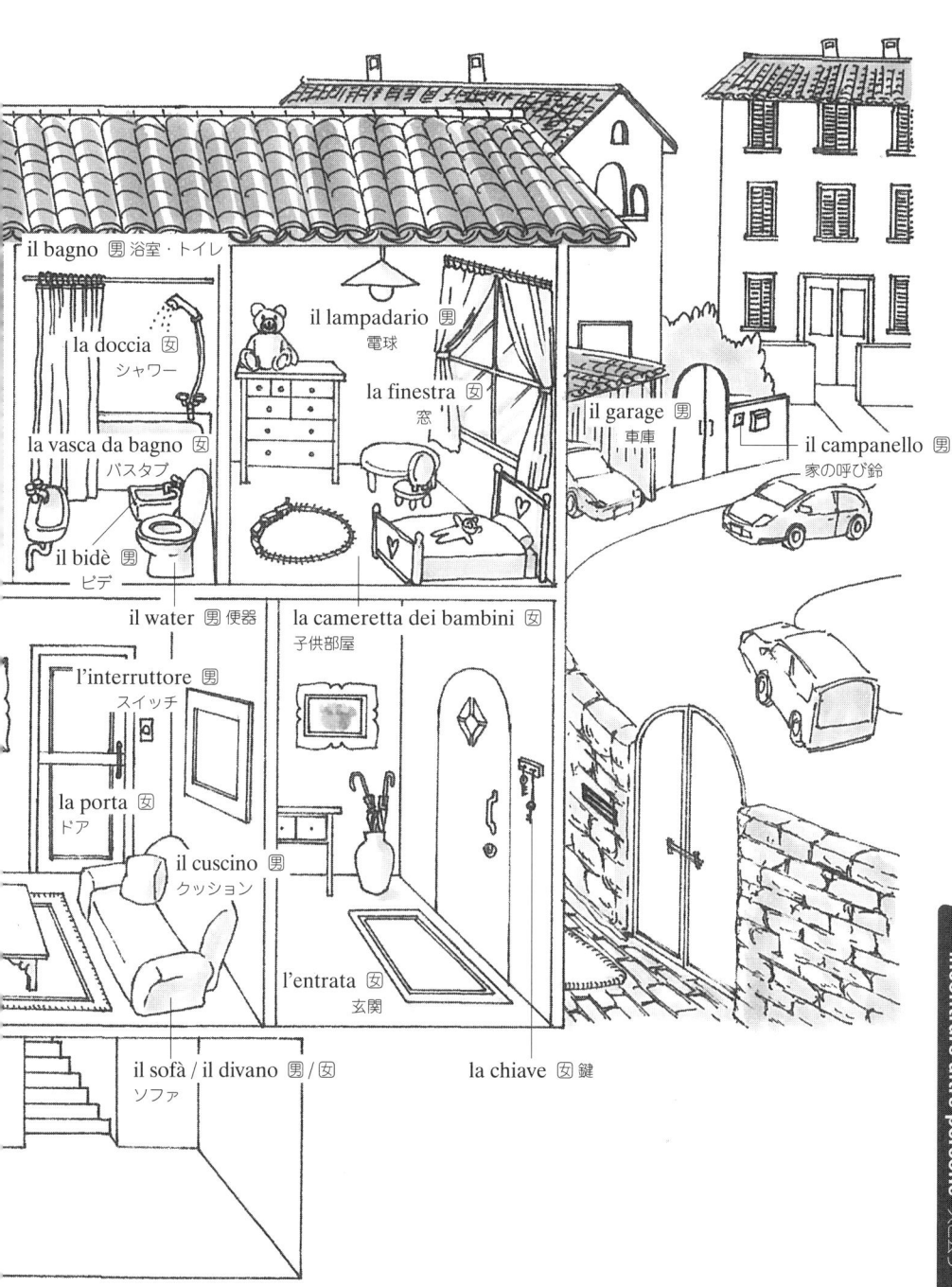

il bagno 男 浴室・トイレ
la doccia 女 シャワー
il lampadario 男 電球
la vasca da bagno 女 バスタブ
la finestra 女 窓
il garage 男 車庫
il campanello 男 家の呼び鈴
il bidè ビデ
il water 男 便器
la cameretta dei bambini 女 子供部屋
l'interruttore 男 スイッチ
la porta 女 ドア
il cuscino 男 クッション
l'entrata 女 玄関
il sofà / il divano 男/女 ソファ
la chiave 女 鍵

Incontrare altre persone 人と会う

文法

半過去

　半過去は近過去とともに，過去の出来事を述べるうえで欠かせない文法事項です。近過去とは異なり，**過去の進行中の動作**や，**過去の習慣，繰り返しの状態**を表わします。

近過去　Ieri sono andato in piscina.　昨日私はプールに行った。
半過去　In estate andavamo spesso in piscina.　夏に私たちはよくプールに行ったものだ。

　活用は，動詞の種類にかかわらず -vo, -vi, -va, -vamo, -vate, -vano となります。いくつかの不規則変化とともに下に示します。

	andare	avere	essere	fare*	bere
io	anda**vo**	ave**vo**	**ero**	face**vo**	beve**vo**
tu	anda**vi**	ave**vi**	**eri**	face**vi**	beve**vi**
lui / lei	anda**va**	ave**va**	**era**	face**va**	beve**va**
noi	anda**vamo**	ave**vamo**	era**vamo**	face**vamo**	beve**vamo**
voi	anda**vate**	ave**vate**	era**vate**	face**vate**	beve**vate**
loro	anda**vano**	ave**vano**	**erano**	face**vano**	beve**vano**

＊dire も同様の活用をします (dicevo, dicevi ...)。その他 porre（置く）は pone**vo**, pone**vi** ... となります。

接続法現在

　最後によく話題になる「接続法」をまとめておきましょう。接続法は，今まで出てきた直接法とは異なり，**考え，感じ，願い**などを表す方法で，使用するのが難しいイメージがありますが，表現の幅を広げるためには大切な項目で，che を用いた従属節の中において日常会話でもよく使われます。

直接法：So che Matteo è bravo a scuola.　マッテオが学校で優秀であることを知っている。
接続法：Penso che Matteo **sia** bravo a scuola.　マッテオは学校で優秀であろうと思う。
　　　　　Spero che anche Marco **sia** bravo a scuola.
　　　　　　　　　　　　　　　　　　　マルコも学校で優秀であることを**願っている**。

　活用は，単数ではすべて同じ形になり，ere 動詞，ire 動詞 I は同じ形になります。

	are 動詞 amare	ere 動詞 temere	ire 動詞 I sentire	ire 動詞 II capire
io				
tu	am**i**	tem**a**	sent**a**	cap**isca**
lui / lei				
noi	am**iamo**	tem**iamo**	sent**iamo**	cap**iamo**
voi	am**iate**	tem**iate**	sent**iate**	cap**iate**
loro	am**ino**	tem**ano**	sent**ano**	cap**iscano**

不規則動詞

	essere	avere	stare	fare	andare
io					
tu	sia	abbia	stia	faccia	vada
lui / lei					
noi	siamo	abbiamo	stiamo	facciamo	andiamo
voi	siate	abbiate	stiate	facciate	andiate
loro	siano	abbiano	stiano	facciano	vadano

その他，dare (io / tu / lui dia)，sapere (io / tu / lui sappia) にも注意しましょう。

文法補足

1. 大文字の使い方

イタリア語では次のときに大文字（il maiuscolo）で書きます。
- ❶ 文章の始まり（.?！の後）: Oggi ho sonno. Ho anche mal di testa.
- ❷ 固有名詞，苗字，ニックネーム，地名（国，州，県，町，通り・広場の名前など）
  : Mario, Rossi, Italia, Milano, Via Roma, Piazza San Marco ...
- ❸ 会社，団体，施設名　　: Alitalia, Università di Bologna ...
- ❹ 作品のタイトル　　　　: La Storia di Genji, La Divina Commedia ...
- ❺ 祭りの名前　　　　　　: Natale, Carnevale, Pasqua ...
- ❻ 時代の名前　　　　　　: il Cinquecento, l'epoca Meiji ...
- ❼ 尊敬の意味を持つとき　: il Presidente della Repubblica, l'Imperatore del Giappone ...
- ❽ 神，聖人等の名前　　　: Gesù, Buddha ...

2. 前置詞＋定冠詞の結合

次の5つの前置詞は定冠詞が後ろに来ると結合します。

	il	i	lo	gli	la	le	l'
a	al	ai	allo	agli	alla	alle	all'
da	dal	dai	dallo	dagli	dalla	dalle	dall'
di	del	dei	dello	degli	della	delle	dell'
in	nel	nei	nello	negli	nella	nelle	nell'
su	sul	sui	sullo	sugli	sulla	sulle	sull'

3. 所有形容詞

所有する人	所有されるもの			
	男性		女性	
	単数	複数	単数	複数
私の	il mio	i miei	la mia	le mie
君の	il tuo	i tuoi	la tua	le tue
彼の，彼女の，あなたの，それの	il suo	i suoi	la sua	le sue
私たちの	il nostro	i nostri	la nostra	le nostre
あなた方の	il vostro	i vostri	la vostra	le vostre
彼らの，彼女らの，それらの，あなた方の	il loro	i loro	la loro	le loro

⑴ 英語と違って「誰々の〜」というときには定冠詞が伴います。**例** il mio libro
⑵ 単数の親族を表すときには定冠詞が伴いません（loro以外）。
 例 mia madre, suo fratello, la loro sorella.

4. 補語人称代名詞の非強勢形と強勢形

		直接目的補語（〜を）		間接目的補語（〜に）	
		非強勢形	強勢形	非強勢形	強勢形
単数	1人称　私	mi	me	mi	a me
	2人称　君	ti	te	ti	a te
	3人称　彼	lo	lui*	gli	a lei
	彼女	la	lei*	le	a lui
	2人称敬称　あなた	La	Lei	Le	a Lei
複数	1人称　私たち	ci	noi	ci	a noi
	2人称　君たち	vi	voi	vi	a voi
	3人称　彼ら	li	loro**	gli (loro)	a loro
	彼女ら	le			
	2人称敬称　あなた方(男)	Li	Loro**	Loro	a Loro
	あなた方(女)	Le			

⑴ 非強勢形は基本的に動詞の前に置かれます。動詞の不定形や命令形があるときには後ろに付けることができます。
 Ti do una mano?　手伝おうか？（手をあげようか？）
 Posso darti una mano?　手伝ってあげようか？（私は君に手をあげることができる？）
⑵ 前置詞の後ろには必ず強勢形がきます。Vengo con te.
⑶ *3人称単数「それを」を表すesso（男），essa（女）もあります。
⑷ **のloro / Loroは動詞の後ろに来ます。
 La maestra le dà un compito.　先生は彼女に宿題を与えます。
 → La maestra dà loro un compito.　先生は彼女らに宿題を与えます。

5. 補語人称代名詞の複合形

間接補語	直接補語				
	lo	la	li	le	ne
mi 私に	me lo	me la	me li	me le	me ne
ti 君に	te lo	te la	te li	te le	te ne
gli 彼(ら)に	glielo	gliela	glieli	gliele	gliene
le 彼女(ら)に					
Le あなたに	Glielo	Gliela	Glieli	Gliele	Gliene
ci 私たちに	ce lo	ce la	ce li	ce le	ce ne
vi 君たちに・あなた方に	ve lo	ve la	ve li	ve le	ve ne

(1) 非強勢形と同じように，動詞の前に置きます。ただし，動詞の不定形があるときには後ろに付けることができます。

　　例 Ti do un libro. 私は君に本をあげる。
　　　→ Te lo do. それを君にあげる。 Posso dartelo. 私は君にそれをあげることができるよ。

付録

基数詞 (i numeri)

0	zero	10	dieci	20	venti
1	uno	11	undici	21	ventuno
2	due	12	dodici	22	ventidue
3	tre	13	tredici	23	ventitré
4	quattro	14	quattordici	24	ventiquattro
5	cinque	15	quindici	25	venticinque
6	sei	16	sedici	26	ventisei
7	sette	17	diciassette	27	ventisette
8	otto	18	diciotto	28	ventotto
9	nove	19	diciannove	29	ventinove

30	trenta	100	cento		
40	quaranta	101	centouno	102	centodue
50	cinquanta	1.000	mille	2.000	duemila
60	sessanta	10.000	diecimila		
70	settanta	100.000	centomila		
80	ottanta	1.000.000	un milione	1.000.000.000	un miliardo
90	novanta				

年号 (datazioni)

1945年	millenovecentoquarantacinque	ローマ時代	l'epoca romana
紀元前300年	trecento avanti Cristo (a.C.)	中世時代	il Medioevo

紀元前19世紀・紀元後19世紀
　　　　　　diciannovesimo secolo avanti Cristo / dopo Cristo (d.C.)

時刻（orario）

Che ore sono? Che ora è ? 何時ですか？

Sono le due.
2時です

Sono le tre e dieci.
3時10分です

Sono le quattro e mezza/mezzo(trenta).
4時半です

Sono le sette meno cinque.
7時5分前です

È l'una.
1時です

È mezzogiorno. 正午です
È mezzanotte. 真夜中です

Sono le sei e un quarto.
6時15分です

Sono le tre e tre quarti. 3時45分です
Sono le quattro meno un quarto. 4時15分前です

A che ora inizia il concerto?　　何時にコンサートが始まりますか？
A che ora finisce lo spettacolo?　何時に公演が終わりますか？
Fino a che ora dura questo film?　この映画は何時までですか？

序数 (i numeri ordinali)・分数 (frazioni)

第1の	primo	第11の	undicesimo	第21の	ventunesimo
第2の	secondo	第12の	dodicesimo	第22の	ventiduesimo
第3の	terzo	第13の	tredicesimo	第23の	ventitreesimo
第4の	quarto	第14の	quattordicesimo	第24の	ventiquattresimo
第5の	quinto	第15の	quindicesimo	第25の	venticinquesimo
第6の	sesto	第16の	sedicesimo	第26の	ventiseiesimo
第7の	settimo	第17の	diciassettesimo	第27の	ventisettesimo
第8の	ottavo	第18の	diciottesimo	第28の	ventottesimo
第9の	nono	第19の	diciannovesimo	第29の	ventinovesimo
第10の	decimo	第20の	ventesimo	第30の	trentesimo
		第40の	quarantesimo	第80の	ottantesimo
		第50の	cinquantesimo	第90の	novantesimo
		第60の	sessantesimo	第100の	centesimo
		第70の	settantesimo	第1.000の	millesimo

tutto
全部

metà
半分

un terzo
3分の1

un quarto
4分の1

un quinto
5分の1

un sesto
6分の1

un settimo
7分の1

un ottavo
8分の1

un nono
9分の1

un decimo
10分の1

計算・図形 (operazioni matematiche, forme geometriche)

1 ＋ 5 ＝ 6　uno più cinque uguale sei
6 － 2 ＝ 4　sei meno due uguale quattro
9 × 8 ＝ 72　nove per otto uguale settantadue
21 ÷ 3 ＝ 7　ventuno diviso tre uguale sette

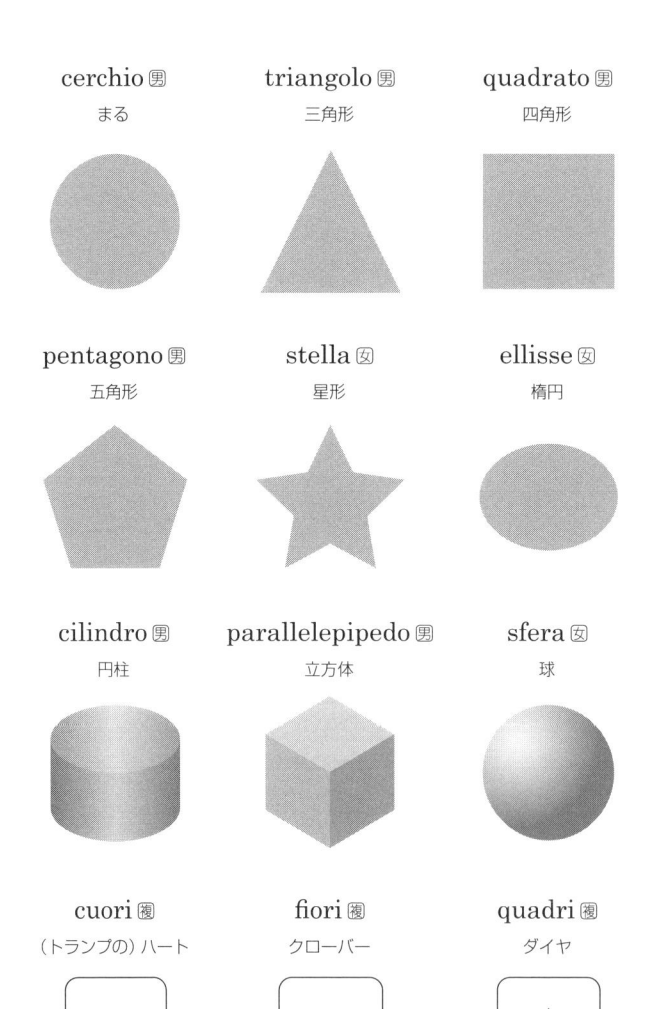

cerchio 男
まる

triangolo 男
三角形

quadrato 男
四角形

pentagono 男
五角形

stella 女
星形

ellisse 女
楕円

cilindro 男
円柱

parallelepipedo 男
立方体

sfera 女
球

cuori 複
（トランプの）ハート

fiori 複
クローバー

quadri 複
ダイヤ

picche 複
スペード

月 (mesi) *すべて男性名詞

gennaio　febbraio　marzo　aprile　maggio

giugno　luglio　agosto　settembre　ottobre

novembre　dicembre

曜日 (giorni della settimana) *日曜日以外はすべて男性名詞

lunedì　martedì　mercoledì　giovedì

venerdì　sabato　domenica

Oggi è il quindici aprile.	今日は4月15日です。
Il compleanno di Lorenzo è il 26 febbraio.	ロレンツォの誕生日は2月26日です。
Il concerto è il trenta maggio.	コンサートは5月30日です。

季節 (Le stagioni)

天候

　南北に長いイタリアの天気は，地方によって寒暖の差が激しく，日本に比べて北に位置するため，日本よりは概して寒いのですが，地中海性気候のため，日本とは逆に夏は乾いており，冬は雨が多いという傾向があります。そのため，夏は40度近くにまで気温が上がることもありますが，風は乾いており，日陰に入れば涼しく快適で，反対に冬は，場所にもよりますが，体の芯まで冷え込む寒さとなります。

　　Oggi è bel tempo / il tempo è bello.　今日はよい天気だ。
　　Piove.　雨が降っている。
　　Sono due gradi (centigradi) sotto zero.　マイナス2度だ。
　　È molto caldo! Che caldo! È molto freddo! Che freddo!　とても暑い・寒い。
　　È nuvoloso.　曇っている。
　　È umido / afoso.　湿気がある（じめじめしている）。
　　Nevica.　雪が降っている。

◆春　la primavera

　長い冬が終わり，花や緑の色合いが美しく感じられる頃，4月の復活祭の休暇を境にイタリアは本格的な春を迎えると言ってよいでしょう。南部では花盛りですが，中部，北部では3月4月はまだ肌寒く感じられる日々も多く，雨や風の強い日も多く続きます。復活祭では，卵を形どったチョコレート（uovo di Pasqua）や鳩の形をしたケーキ（colomba pasquale）などが町中の店に飾られます。

　　Buona Pasqua!　よい復活祭を！
　　Il vento è forte.　風が強いです。

◆夏　l'estate

　6月末に学校が終わり，成績表（la pagella）をもらうと，長いバカンスの季節がやってきます。大人も子供も，バカンスをどうするか計画することで頭がいっぱい。親類のもとへ遠くまで出かけたり，海や湖や山へと少なくとも5日間以上の単位での休暇を計画したりします。観光客も押しかける夏は，あちらこちらで伝統的な祭りや，村の祭り（la sagra）も見られます。8月末には雨もたびたび降るようになり，9月ともなると涼風が吹き始め，天気が崩れ始めます。

la vacanza　バカンス

Dove andate in vacanza?
バカンスはどこに行くの？

Arriva un temporale!　にわか雨だ！

Grandina! Scappiamo!
ヒョウが降ってきた！逃げろ！

Un tuono!　雷だ！

Ho visto un fulmine!　稲妻を見た！

È un caldo da morire / È un caldo cane.
死ぬほど暑い。

Siamo oltre i quaranta gradi!
40度を超えている。

Andiamo alla sagra!　村の祭りに行こうよ！

Questa sera ci sono i fuochi d'artificio!　今晩花火が上がるよ！

◆秋　l'autunno

　楽しかったバカンスを心に残し，9月初めに学校は新学期を迎えます。大学へも新入生が入り，新しい学年の始まりです。9月中旬になると急に冷え込むようになり，すっかり涼しくなった秋は，恵みの季節でもあります。山にはきのこが生えそろい，市場をにぎわせます。10月頃から収穫時期を迎え，ワインの新酒（il vino novello）も出回り始めます。

È finita la vacanza! / Sono finite le vacanze!　バカンスももう終わりだ！
Finalmente ho finito i compiti per le vacanze.　夏休みの宿題がやっと終わった！
Da domani comincia / ricomincia la scuola.　明日から学校が始まる。
Comincia a far fresco! / È rinfrescato.　涼しくなってきたね。
C'è la nebbia!　霧が出ているよ。
In montagna nevica / sta nevicando.　山に雪が降っているよ。
Andiamo a cercare funghi!　きのこ狩りに行こう！

◆冬　l'inverno

　すっかり寒くなった冬，初雪も北部では11月末頃からちらちらと降り始めます。12月になると，街はすっかりクリスマス（Natale）一色で，ルミナリエが飾られていきます。家族や親類とクリスマス（12月25日）を1日中お祝いした後は，地方にもよりますが，26, 27, 28日と仕事に戻り，仕事を納め，再び新年を迎えに家路につきます。大みそかと元旦は，家族ではなく友達と過ごすこともあり，花火を打ち上げたりします。1月6日にエピファニーア（公現祭l'Epifania）があり，市場には魔女（la Befana）の人形が飾られます。子供たちは寝る前に靴下をベッドの近くに下げ，魔女が良い子にはキャンデーやプレゼント（悪い子には炭）を贈ります。北部ではウィンタースポーツシーズンで，「白い週」休み（la settimana bianca）を取って，雪山に出かけることもあります。

Buon Natale!　クリスマスおめでとう！
La vigilia / La notte di Natale　聖夜（12月24日）。
Auguri!　おめでとう！
Felice anno nuovo!　幸せな新年をお送りください。
Buon anno!　新年おめでとう！
È freddo / Fa freddo　寒い。
C'è un sacco di neve.　雪がいっぱい積もった。
Andiamo a sciare!　スキーに行こう！

身体の部位（il corpo）

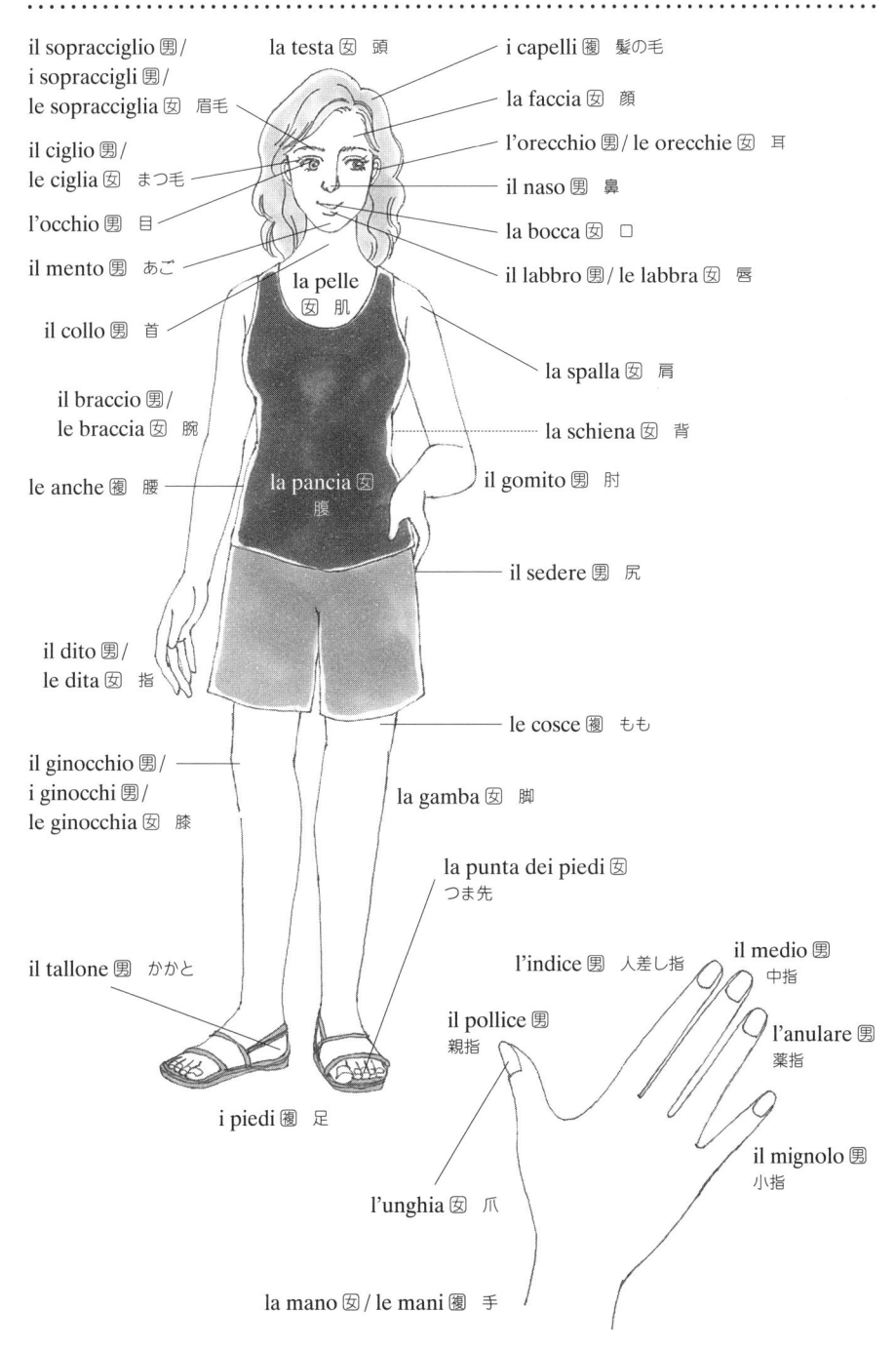

- il sopracciglio 男 / i sopraccigli 男 / le sopracciglia 女　眉毛
- il ciglio 男 / le ciglia 女　まつ毛
- l'occhio 男　目
- il mento 男　あご
- il collo 男　首
- il braccio 男 / le braccia 女　腕
- le anche 複　腰
- il dito 男 / le dita 女　指
- il ginocchio 男 / i ginocchi 男 / le ginocchia 女　膝
- il tallone 男　かかと
- la testa 女　頭
- la pelle 女　肌
- la pancia 女　腹
- i piedi 複　足
- i capelli 複　髪の毛
- la faccia 女　顔
- l'orecchio 男 / le orecchie 女　耳
- il naso 男　鼻
- la bocca 女　口
- il labbro 男 / le labbra 女　唇
- la spalla 女　肩
- la schiena 女　背
- il gomito 男　肘
- il sedere 男　尻
- le cosce 複　もも
- la gamba 女　脚
- la punta dei piedi 女　つま先
- l'indice 男　人差し指
- il pollice 男　親指
- il medio 男　中指
- l'anulare 男　薬指
- il mignolo 男　小指
- l'unghia 女　爪
- la mano 女 / le mani 複　手

211

形容詞・副詞（aggettivo / avverbio）

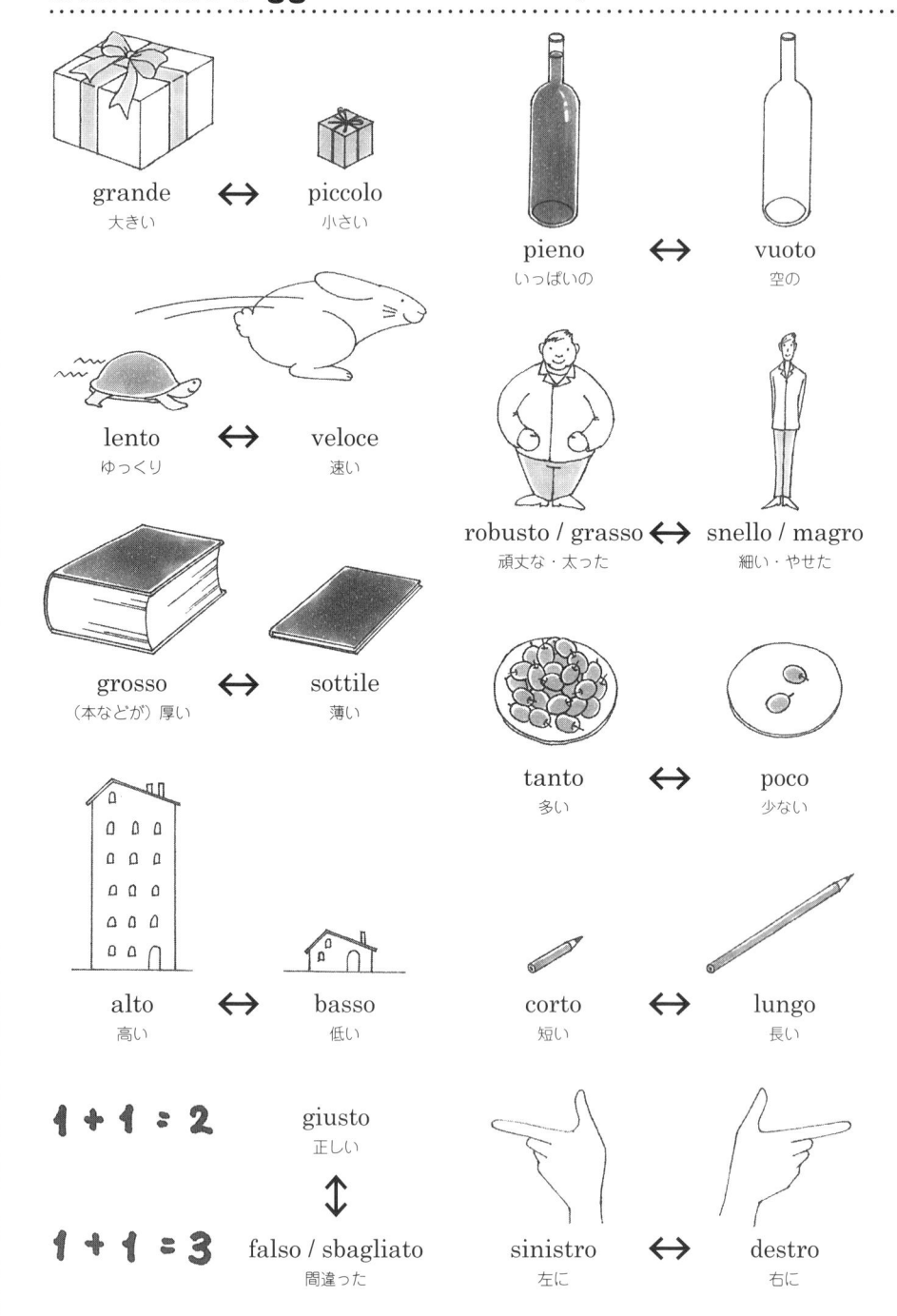

grande ⇔ piccolo
大きい　　小さい

pieno ⇔ vuoto
いっぱいの　空の

lento ⇔ veloce
ゆっくり　速い

robusto / grasso ⇔ snello / magro
頑丈な・太った　細い・やせた

grosso ⇔ sottile
（本などが）厚い　薄い

tanto ⇔ poco
多い　少ない

alto ⇔ basso
高い　低い

corto ⇔ lungo
短い　長い

giusto
正しい
⇕
falso / sbagliato
間違った

sinistro ⇔ destro
左に　右に

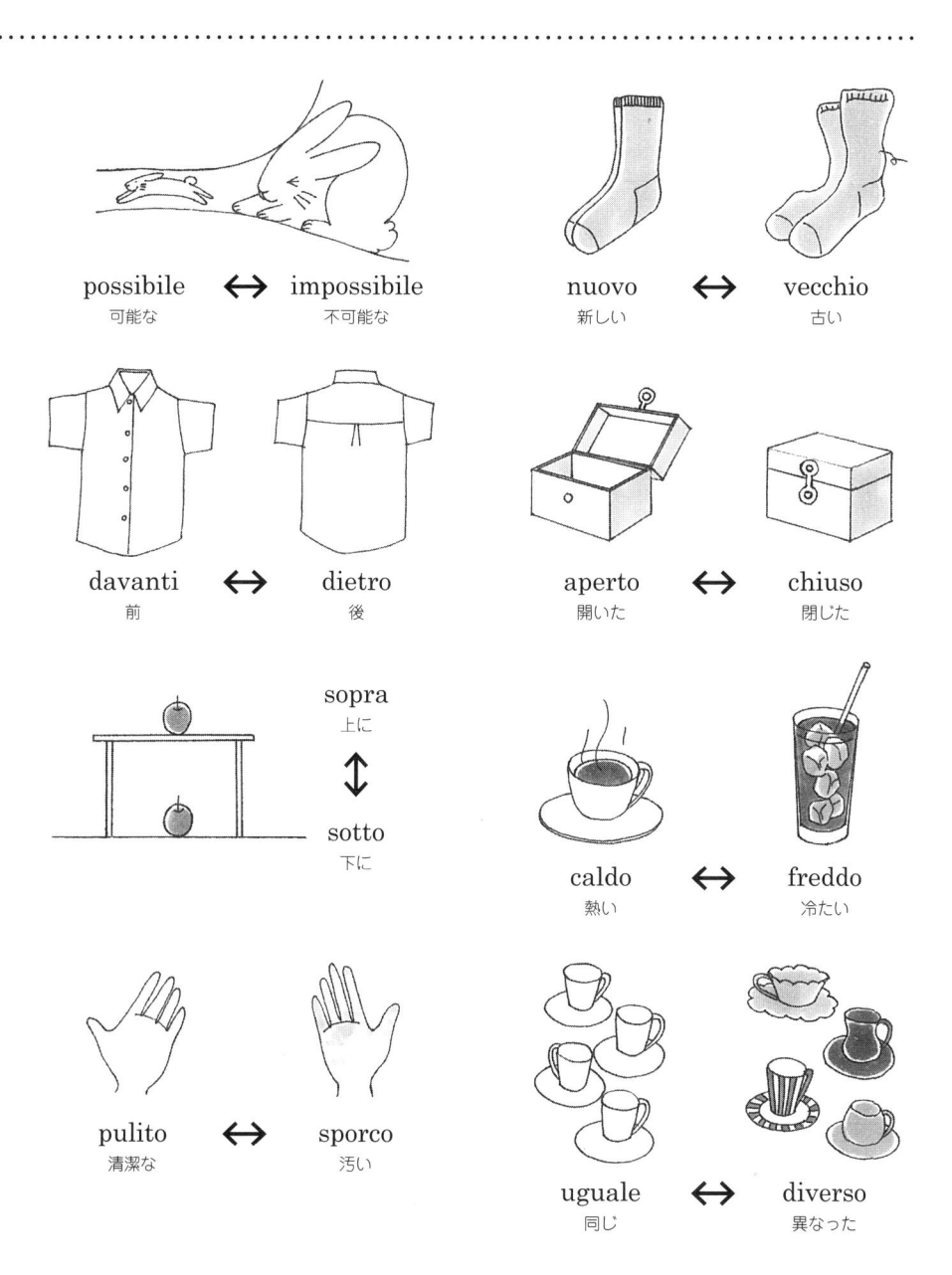

possibile 可能な	↔ impossibile 不可能な	nuovo 新しい	↔ vecchio 古い
davanti 前	↔ dietro 後	aperto 開いた	↔ chiuso 閉じた
	sopra 上に ↕ sotto 下に	caldo 熱い	↔ freddo 冷たい
pulito 清潔な	↔ sporco 汚い	uguale 同じ	↔ diverso 異なった

家 (la casa)

il tetto 男 屋根

lo studio 男 書斎
il terrazzo 男 テラス
la finestra 女 窓
il termosifone 男 暖房
il cuscino 男 クッション
la presa 女 コンセント
il bagno / gabinetto 男 トイレ
la carta igienica 女 トイレットペーパー
il lavandino 男 洗面器
la vasca da bagno 女 バスタブ
la lampada 女 / il lampadario 男 ランプ
il tavolo 男 机
il muro 男 壁
le tende 複 カーテン
il letto 男 ベッド
il copriletto 男 かけ布団
la cucina 女 台所
il fornello 男 コンロ
il forno 男 オーブン
il quadro 男 絵
il soggiorno 男 居間
il televisore 男 テレビ
il telecomando 男 テレビのリモコン
il caminetto 男 暖炉

la porta 女 ドア
la chiave 女 鍵
l'ingresso 男 玄関
il campanello 男 ドアホン
la cassetta delle lettere 女 郵便受け
la scala 女 階段

l'appartamento 男 アパート
il camino 男 煙突

la libreria 女 本棚
la veranda 女 サンルーム、ベランダ
il telefono 男 電話
la camera / stanza da letto 女 寝室
il sofà / divano 男 ソファ
il bagno 男 バスルーム
il lavandino 男 洗面台
il bidè 男 ビデ
l'interruttore 男 スイッチ
la sedia 女 椅子
la cameretta dei bambini 女 子供部屋
i giocattoli 複 おもちゃ
il cuscino 男 枕
il materasso 男 マットレス
il frigorifero 男 冷蔵庫
il forno a microonde 男 電子レンジ
la sala da pranzo 女 ダイニング
il tavolo 男 テーブル
la mensola 女 棚
il tappeto 男 じゅうたん
i mobili 複 家具
la poltrona 女 1人がけソファ

l'entrata 女 入り口
l'ombrello 男 傘
il garage 男 車庫
la cantina 女 地下室
il giardino 男 庭

著者
Enrico Fongaro（エンリコ・フォンガロ）
東北大学文学研究科准教授。パドヴァ大学卒業，京都工芸繊維大学博士後期課程単位取得退学。専門は比較哲学，イタリア語教育。主要著書に≪Uno studio su bene≫（西田幾多郎『善の研究』, Bollati Boringhieri, 2007）等。

林 良子（はやし　りょうこ）
神戸大学国際文化学研究科准教授。専門は音声学，外国語教授法。英語，ドイツ語，イタリア語，日本語等，複数の外国語教育に関わり，教材を開発するとともに，言語習得メカニズムや音声コミュニケーション障害について研究を進めている。

CD付
イタリア語スピーキング

2011年8月20日　第1刷発行
2019年7月20日　第3刷発行

著　者 —— エンリコ・フォンガロ
　　　　　　林　良子
発行者 —— 前田俊秀
発行所 —— 株式会社　三修社
　　　　　〒150-0001　東京都渋谷区神宮前2-2-22
　　　　　TEL　03-3405-4511
　　　　　FAX　03-3405-4522
　　　　　振替　00190-9-72758
　　　　　https://www.sanshusha.co.jp

印刷製本 —— 萩原印刷株式会社
CD製作 —— 株式会社メディアスタイリスト

©Enrico FONGARO, Ryoko HAYASHI 2011 Printed in Japan
ISBN978-4-384-05498-9 C1087

カバーデザイン —— 土橋公政
本文イラスト —— 木村　恵
本文組版 —— クゥール・エ
編集 —— 山本　拓

[JCOPY]〈出版者著作権管理機構　委託出版物〉
本書の無断複製は著作権法上での例外を除き禁じられています。複製される場合は，そのつど事前に，出版者著作権管理機構（電話 03-5244-5088 FAX 03-5244-5089 e-mail: info@jcopy.or.jp）の許諾を得てください。